信息套利环境下的XBRL研究

——基于中国会计信息披露视角下的分析

李朝晖　著

中国财经出版传媒集团
中国财政经济出版社

图书在版编目（CIP）数据

信息套利环境下的 XBRL 研究：基于中国会计信息披露视角下的分析 / 李朝晖著. -- 北京：中国财政经济出版社，2019.11

ISBN 978-7-5095-9434-6

Ⅰ.①信… Ⅱ.①李… Ⅲ.①可扩充语言－应用－会计报表－研究－中国 Ⅳ.①F231.5-39

中国版本图书馆 CIP 数据核字（2019）第 249896 号

责任编辑：彭 波　　责任印制：史大鹏

封面设计：卜建辰　　责任校对：张 凡

中国财政经济出版社 出版

URL：http：//www.cfeph.cn

E-mail：cfeph@cfeph.cn

社址：北京市海淀区阜成路甲 28 号　邮政编码：100142

营销中心电话：010-88191522

天猫网店：中国财政经济出版社旗舰店

网址：https：//zgczjjcbs.tmall.com

北京财经印刷厂印刷　各地新华书店经销

成品尺寸：170mm×240mm　16 开　12.75 印张　200 000 字

2019 年 11 月第 1 版　2019 年 11 月北京第 1 次印刷

定价：68.00 元

ISBN 978-7-5095-9434-6

（图书出现印装问题，本社负责调换，电话：010-88190548）

本社质量投诉电话：010-88190744

打击盗版举报热线：010-88191661　QQ：2242791300

前　言

1998年，Hoffman提出XBRL，在XBRL提出时，其创立者就认为XBRL不会改变会计准则、会计制度以及披露规则。直到现在大量的XBRL研究者还是坚持新技术的驱动只是对财务报告的披露增加新的披露方式，XBRL的出现不会改变会计法律法规、会计准则和会计制度这一信条。因此目前对于XBRL的研究主要集中于传统财务报告技术层面的模型实现。主要从技术层面来考虑XBRL，而对XBRL存在的理论基础及创新发展较少涉及。本书采用规范研究、实证研究和比较制度分析的的研究方法，从XBRL会计理论基础、XBRL计算机理论基础及会计信息披露理论出发，结合财务呈报的研究，以会计信息披露的视野，从披露的及时、充分和有效三个衡量标准出发，围绕信息披露不足引发的信息套利问题，结合XBR、XBRL FR和XBRL GL三方面对XBRL的研究框架进行全面的分析，并在此基础上提出XBR、XBRL FR及XBRL GL的改进模型，在改进模型中进一步研究发现，XBRL技术的充分发展和应用是财务语义网实现的基础，而在语义网的框架下，XBRL对会计准则、会计制度及披露规则将产生巨大的影响。在此研究过程中得出以下结论：

第一，我国会计信息披露存在不及时性、不充分性及非完全有效性。

本书通过对会计信息披露水平的三项标准及时性、全面性及有效性分别进行分析研究，发现上市公司财务信息披露在及时性方面存在规律性，即在同等条件下，每股收益相对上年降低的上市公司及 ST 类上市公司年报披露时滞时间较长，年报披露相对更不及时。而时滞时间与企业资产负债率的变化情况、上市地及上市公司资产规模没有显著的相关性。由此可以发现，上市公司披露时滞最主要的影响因素是经营业绩，而非其他外在因素。本书在规范研究中还发现，上市公司在人力资源信息披露、研发费用披露、偿债能力披露、关联方关系及其交易披露、财务状况及文字描述性信息披露等方面存在极大的不充分性。为了研究会计信息披露的有效性，本书采用收益激进度和收益平滑度对上市公司的应计项目进行分析，发现上市公司整体的收益激进度相对于以前年度有所上升，而收益平滑度有所下降。对上市公司 ST 类公司单独进行分析发现 ST 公司的收益激进度明显大于非 ST 类上市公司，从而有证据说明，ST 类上市公司更有意图利用会计处理方法及会计人员判断来处理上市公司业务事项。在对我国会计信息披露水平三项标准的分别研究综合可以得出，我国上市公司在会计信息披露时间上存在较长的时滞，在信息披露的内容方面存在不充分性，需要从多方面进行补充披露，同时我国会计信息披露质量也需进一步提高，还存在较大的不透明性。在此基础上，可以推断出，我国上市公司信息披露存在不足，而上市公司披露的信息是资本市场上市公司与利益相关者的最重要的桥梁。如果披露上存在瑕疵，必将加大上市公司外部信息使用者获取和加工信息的成本，甚至会导致出现劣币驱除良币的现象。继而加大上市公司募集资本的成本，最终导致资本市场资源配置的不当，影响资本市场的健康有序发展。

第二，我国资本市场存在利用上市公司私有信息进行套利现象。

由于信息披露上的不足，也就意味着资本市场上必然存在信息优势者和信息劣势者两种利益群体。在资本市场，各种参与者进行市场交易形式上交易的是证券，而实质上交易的是信息。信息优势方利用获取、加工信息上的优势地位谋取利润。正常情况下的信息套利是允许的，但是如果是利用信息披露上的瑕疵进行谋利，则应予以规避。本书利用CAPM这一基于预期的无套利的均衡理论模型，采用统计学上关于线性回归模型拟合度的度量指标，对我国资本市场信息套利行为进行分析研究，发现我国资本市场上存在信息套利现象，但随着会计信息披露制度的进一步完善，信息套利情况比以前年度有所好转，同时利用各类上市公司收益与大盘收益回归拟合度 R^2 进行比较分析，发现新兴行业信息套利潜在可能性大于传统行业，对新兴行业进一步细化，可以发现深交所上市公司信息套利的潜在可能性大于上证所上市公司，创业板上市公司信息套利潜在可能性大于上证所上市公司。同时利用基金公司与非基金公司之间的 R^2 进行分析，发掘上市公司还存在知识套利的现象。从而为XBRL方法库、专家库设计提供理论基础。

第三，XBRL可以最大限度地提高会计信息披露的质量，并将私有信息套利行为减小到最小程度。

XBRL 下的财务报告信息披露理论建立在新古典理论、规范理论、实证理论和比较制度分析理论基础上，新古典理论为建立理想化 XBR 提供理论依据。规范理论为 XBRL 设计、实施采用“最优”管制提供理论支持，实证理论则为 XBRL 的用户需求用户需求设计思想找到理论根基；比较制度分析为 XBRL 分类标准改进提供新思路。在财务报告信息披露理论基础上，分析研究了 XBRL 与会计信息披露及信息套利之间的关系。得出利用 XBRL 可解决信息披露不及时、不充分、质量不高及信息套利的问题。为 XBRL 引入财务领域辅平道路。最后对 XBRL FR 及 XBRL GL 进行系统、完整的研究，从 XBRL 产生的会计理论基础、计算机理论基础及财务呈报理论基础上，论述了 XBRL 产生的必然性，然后结合 XBRL 的发展历程对 XBRL 的理论框架模型详细进行分析研究，XBRL FR 沿着 XBRL Specification、XBRL Taxonomy、eXtensible Taxonomy、XBRL instance、XBRL 报送路线展开研究，XBRL GL 则从 XBRL GL 框架结构进行研究。最后两者结合从 CSS/XSL 样式表、XBRL 实施、应用的角度展开研究。通过对现存的 XBRL 框架进行系统、综合的研究，结合前面的理论及研究成果，提出对当成 XBRL 的改进意见。

第四，XBRL 不仅仅是对财务报告报送方式的改变，是对原有会计准则的遵循，XBRL 同样促进会计准则及会计制度改变与完善。

先对 XBRL 框架结构进一步细分，提出 XBRL 的研究应该分两步走，即沿着当前的研究方向对 XBRL 进一步的扩展与完善，同时要对 XBR（可扩展商务报告）进行研究，对于 XBR 的研究，可以结合当前会计理论前沿研究，收集对财务信息使用者有用的信息，对会计理论进行相应的更改，打破传统对 XBRL 的误解，认为 XBRL 不改变现有的会计准则与制度，得出 XBRL 可以改变现有的会计准则与会计制度的结论。对于 Taxonomy 的设计，本书结合 DTS 概念，提出新的 Taxonomy 设计思路，变静态的 Taxonomy 框架结构为动态 Taxonomy，引入"IF…THEN…"的逻辑导向思维设计 Taxonomy 框架，全面、系统的设计 Taxonomy 框架。并结合语义网，得出 XBRL 可以从模式文件、链接库文件及报送机制上进行扩展的结论。

作者

2019 年 9 月

目　　录

第1章　导　论

1.1 研究背景

资本市场是市场形态中的一种，具有与商品市场相类似的特征，市场由买卖双方构成，受供求规律的影响。然而由于资本市场中的交易对象主要以权益凭证为主，不同于商品市场中商品与服务。由于其交易对象的特殊性，也决定了其交易对象的供求关系与商品市场的供求关系有所不同。我国从 20 世纪 70 年代末期开始实施改革开放政策，启动了中国经济从计划体制向市场体制的转型。在转型过程中，国有企业改革的逐步深化和中国经济的持续发展，需要与之相适应的金融制度，资本市场应运而生。[①] 由于早期经济体制约束及对资本市场比较谨慎，我国资本市场初期上市公司数量有限，资本市场早期对我国而言是一种尝试，因而上市公司信息披露的质、量都难以影响资本市场的发展。从资本市场供给者角度来看，因为供给规模的限制，对于资本提供者——投资者来说，上市公司数量较少，上市公司的股票就成为稀缺资源，在供求关系作用下，二级市场股票的溢价能使投资者获得极大的资本利得。而且由于我国缺少上市公司退市政策，股票市场被近似认为是无风险投资。在资源稀缺、投资理念不完善的情况下，投资者明知该投资行为具有很高的风险，仍会因二级市场高溢价而忽略风险，因此投资者便竞相争购上市公司的股票而不关注投资信息的披露问题。从资本市场需求者角度来看，对于资本的需求者——上市公司来说，股权融资机会稀缺，投资者投资于上市公司的意愿非常强烈，即使上市公司披露的信息质量不高，仍将使上市公司的股票具有高流动性，从而使上市公司的股权融资成本很低，上市公司降低融资成本举措带来的收益不足弥补改善信息披露的成本，从而

① 中国证券监督委员会．中国证券市场发展报告［M］．北京：中国金融出版社．2008：3.

缺乏足够的动力去改善信息披露。从资本市场第三方监管者角度来看，由于信息技术的局限，一些比较前沿的理论和先进的方法也无法在现实经济环境中得以实现，跨平台、跨软件的数据集中比较困难，信息披露方式也较单一，主要依赖于纸质打印文件、PDF、WORD或HTML文档。纸质打印文件则无法实现数据搜索、传输和再利用。PDF、WORD和HTML文档虽利于数据的传输及再利用，但在数据抽取及再利用上却存在很大的缺陷。由于这三个方面情况的存在，资本市场信息披露问题一直未引起足够重视，也无法得到有效的控制。

截至2011年8月18日，深沪两市上市公司的数量已飙升至2530家，这一数字还在快速增加，有希望在短期内超过美国，这较好地解决了资本市场的供给问题。截至2011年10月底沪深两市A股总账户数为1.63亿户，2011年月平均成交金额34405.44亿元（见表1-1），日平均交易金额达到1720.27亿元左右。从此数据可以看出，现在投资者在有足够选择的前提下，也开始从众多的投资对象中选择最佳投资，投资者越来越注重价值投资，因此也开始越来越重视被投资者上市公司的公司质量和其远期的发展。而对于资本市场的供给者与需求者之间最主要的桥梁就是上市公司披露的信息资料。因此资本市场的供需矛盾为上市公司信息披露质量提高提供了必要条件。

表1-1　　2011年上证所、深交所各月月度A股合计成交概况

单位：亿元

月份	1	2	3	4	5	6	7
月度总成交金额	31915.89	34180.99	62966.25	45225.43	33805.43	311978.35	41927.84
月份	8	9	10	11	12	平均	
月度总成交金额	36739.91	22231.06	20566.74	32281.19	19826.78	34405.44	

随着信息技术的发展，为证券市场的监管者提高监管能力提供了充分条件，更促进了信息披露的发展。遵循信息时代三大定律：摩尔

定律（Moore's law）[①]、吉尔德定律（Gilder's Law）[②] 和麦特卡尔夫定律（Metcalfe's law）[③]，伴随关系型数据库技术、云计算技术、数据存储和网络等技术的发展，数据传输方面取得了突破性的成果，标示着信息技术进步的速度将非常神速。目前 IBM 业界领先的高度可扩展的存储虚拟化技术和应用闪存固态存储技术能够使数据传输速度在响应时间不到 1ms 的情况下，达到 100 万次/秒的持续输入/输出（I/O），这种反应速度与业界基准测试速度最快的磁盘系统相比，其性能有了极大的提升，约为后者的 2.5 倍，同时响应速度却不足后者的 1/20，占地空间只有后者的 1/5，所需电子和制冷能耗也只有后者的 55%。从而为解决在不同平台、不同软件和不同技术中收集、储存和传递数据提供了一系列解决方案。如此巨大的性能提升对于企业业务影响重大，在相同时间内已可完成 2～3 倍的传统工作负载，极大地提高了时效敏感型应用（如预订系统和金融交易系统）的效率，同时也为在实践中应用信息仓库和分析型解决方案提供了新的思路。

在各方面条件比较成熟的情况下，很多企业采纳 ERP 系统来收集、储存数据。他们也采用各种系统集成方法（像 Middleware 和 XML）来连接不同的系统以方便数据在不同系统间进行传递。因此，一个组织整个供应链经常拼凑了许多系统，联结了许多技术，又采用电子表格来弥补和达到报告的要求。Gerald（2007）研究认为这降低了控制与管理报告系统的能力。于是 Kaplan 和 Murdock（1992）、Booth 和 Rupert（1994）、Leary 和 Daniel（1995）、George Valiris 和

① 摩尔定律是由英特尔（Intel）创始人之一戈登·摩尔（Gordon Moore）提出来的。其内容为：集成电路上可容纳的晶体管数目，约每隔 18 个月便会增加一倍，性能也将提升一倍，当价格不变时；或者说，每一美元所能买到的电脑性能，将每隔 18 个月翻两倍以上。

② 也称胜利者浪费定律。由乔治·吉尔德提出，最为成功的商业运作模式是价格最低的资源将会被尽可能的消耗，以此来保存最昂贵的资源。曾预测：在未来 25 年，主干网的带宽将每 6 个月增加一倍。其增长速度超过摩尔定律预测的 CPU 增长速度的 3 倍！

③ 麦特卡尔夫（Bob Metcalfe）定律可以描述为：网络的价值同网络用户数量的平方成正比，也就是说，N 个联结可创造出 N×N 的效益。

Michalis Glykas（1999）、Sylvia Constantinides（2004）、Vergidis，Turner 和 Tiwari（2008）等学者沿着 Hammer 的企业业务再造理论的思路对会计业务流程再造进行深入广泛的研究。然而企业业务流程再造理论强调的是从根本上重新思考、彻底改选、参考最佳模式、重新设计企业的业务流程。因其处理问题过于激进，部分学者对其也持不同观点，如 Peppard 和 Rowland（2003）就对此提出异议。恰在这时 XML 技术出现了，XML 的出现，对社会经济文化等各个领域均产生了巨大的影响，如与数学领域结合产生了 MathML，与电子商务领域结合形成 ebXML、BizTalk，与化学领域结合形成 cML、xCBL、tpaML 等。XML 与企业财务报告领域的结合则形成了 XBRL。Strand 等（2001）、CICA（2003）、Jones 和 Willis（2003）、Pinsker（2003）、沈颖玲（2005）、高锦萍和张天西（2006）认为 XBRL 具有无须改变现存会计规则的前提下，允许使用者跨系统平台以标准化的标记编制、发送各种不同格式的财务数据，并可直接对这些数据进行交换和分析。FDIC[①] 通过对使用 XBRL 及不使用 XBRL 两个系统进行比较分析（见表 1－2）发现，XBRL 的采用能给企业带来可观的经济收益，将进一步促进 XBRL 在会计领域中的应用。FDIC 的报告显示，通过 XBRL 提交的数据正确率由原有的 66% 上升至目前的 95%；由于 FDIC 和银行应用一致的 XBRL 分类标准还实现了实时纠错功能，因此收到的数据准确率 100% 达到计算要求，而未采用 XBRL 时只有 70% 达标，而且数据提交速度也大幅提升。目前每个季度结束后 1 天之内，FDIC 就能够获得数据，而未采用 XBRL 时，这一过程可能需要几个星期；在快速获得数据的基础上，相应的监管核心报告摘要《银行业季度概况》的出版时间也比以前提前了 3 个多星期。John Stantial（2007）对美国联合技术公司（United Technologies）在 Hyperion Financial Manager（HFM）方面实现 XBRL 进行分析，发现没有实现 XBRL 前，

① US Federal Deposit Insurance Corporation（FDIC）.

该处理程序总的处理时间是 845 个小时，在实现 XBRL 进行处理后，处理时间降为 700 个小时，缩短了近 150 个小时。以上两个实例都可以看到 XBRL 在保证数据质量的同时，实现了实时数据分析能力和劳动效率的提高，降低了运营成本。

表 1－2　　FDIC 执行 XBRL 前后期比较

特征	旧系统	新系统	收益
总处理成本（10 年期）	65000000 美元	39000000 美元	节省 26000000 美元
处理时间	60～75 天	2 天	节省 58～73 天
数据源	多重数据源头	单一源头	减少错误
收到的数据错误	18000 处错误	0 处错误	系统在数据递交时自动进行合法性检验，允许数据在递交前自动更正，系统不接受带有错误的报告。
递交方法	专用增值网	Internet 连接（HTTPS）	节省成本
软件更新	手动通过 Excel，Word，PDF	自动使用 XBRL 基础数据元	自动更新供应商软件，更加灵活

2006 年 2 月，中国证监会信息中心、上海证券交易所、中国人民银行征信管理局、中国保监会信息中心和中科院研究生院金融科技研究中心联合发起成立“XBRL 中国地区组织促进会”，并且在财政部相关部门的指导和支持下，开始“XBRL 中国地区组织”的筹备工作。2007 年 9 月，通过促进会不断的努力，以财政部会计准则委的名义向 XBRL 国际组织提出申请，并在 11 月得到正式批复。2007 年 12 月 3 日，XBRL 国际组织宣布：XBRL China 中国地区组织正式成立。2010 年 5 月 6 日，XBRL 中国地区组织作为正式地区组织成员被 XBRL 国际组织批准，从而成为 XBRL 国际组织全球联盟的一个地区组织成员。作为新加入的地区组织成员，XBRL 中国地区组织将在推动 XBRL 的采用，鼓励 XBRL 技术研究上进入一个新的时期。2010 年 10 月 18 日，财政部和国家标准委联合发布《可扩展商业报告语言（XBRL）技术规范》系列国家标准。计划自 2011 年 1 月 1 日起，要

求在纽约证券交易所上市的境内部分公司和部分证券期货资格会计师事务所实施该系列标准，并鼓励其他上市公司提前应用。这一系列行为为构建科学完善的会计信息标准化体系打下良好的基础，也使越来越多的会计人员开始关注 XBRL。

1.2 研究意义

本书对信息披露进行实证分析，分析自 2003 年 1 月 1 日以来，上市公司在执行会计准则过程中，在信息披露的及时性、全面性和有效性方面均较以前有所提高，但仍然存在着很多不足之处，由于这些不足之处的存在，从而导致资本市场上存在信息优势群体和信息劣势群体，信息优势群体利用信息上的优势进行信息套利操作，进而损害了信息劣势者的利益，严重影响了资本市场“公平、公开、公正”的生存环境，极大损害了广大信息劣势群体的利益，侵蚀了资本市场得以健康发展的基础。信息优势群体又可分为局内人的内幕信息优势群体和局外人信息加工优势群体两种类型。在本书中，我们把前一种群体的交易行为称为内幕套利，后一种群体的交易行为称为知识套利。两种不同的交易行为应区分对待。如“牛市内幕交易第一案”的杭萧钢构案。① 和中国“券商内幕交易第一案”②。这些案例是属于局内人内幕套利的典型案例。这种内幕套利从其出现就一直影响着中国资本市场的健康发展，侵蚀了资本市场得以健康发展的根基。而知

---

① 2008 年 2 月 4 日，丽水市中级人民法院一审判定，罗某犯泄露内幕信息罪，判处有期徒刑 1 年 6 个月；陈某、王某犯内幕交易罪，分别判处有期徒刑 2 年 6 个月和有期徒刑 1 年 6 个月，缓刑 2 年，并各处罚金人民币 4037 万元；陈某、王某的违法所得人民币 4037 万元予以追缴，由丽水市人民检察院上缴国库。

② 2009 年 1 月 9 日上午，广州市天河区人民法院就广州市天河区人民检察院指控董某犯内幕交易、泄露内幕信息罪，董某、赵某犯内幕交易罪一案作出一审判决，董某泄露内幕信息罪名成立，被判处有期徒刑四年，并处罚金人民币 300 万元；董某及赵某内幕交易罪名成立，分别被判处有期徒刑 4 年和有期徒刑 1 年 9 个月。

识套利在初期的证券市场发展中发挥了非常积极的作用，应该予以肯定，一些精通资本市场运作的专业团队和个人利用自身精湛的专业知识对资本市场专心钻研，对资本市场的错误定价股票的价值进行挖掘，从而使股票的价格回归到实际价值，在一定程度上稳定了资本市场也促进了资本市场的发展。但随着资本市场的逐渐完善，股民数量的逐渐增多，在股民整体质素虽有所提高但水平仍然不高的情况下，为避免财富过于集中于少数人手中及增强资本的流动性，知识套利在这种情况下也应尽量予以控制。恰在此时，信息技术的创新发展为知识套利的控制成为可能。本书尝试构建 XBRL 理论框架，通过利用 XBRL 的研究把一些专业团队和一些专家原来的私有知识通过信息提取转化为公共知识，并不断挖掘发现新的私有知识，尽量消除资本市场参与者的知识差距。即促使专业团队不断提高自身的研究水平，完善自身的研究素质，又可减少知识套利所带来的不利因素，提高资本市场的效率。减少内幕交易和控制知识套利的一个有力手段就是利用 XBRL 进行信息披露的改善。目前我国对 XBRL 进行研究的文献比较多，不到 10 年时间总计有 400 多篇，然而大多集中于 XBRL 的概述、简介、作用及建议，研究不够全面，也不够深度，这与我国 XBRL 开发研究现实情况有关。当前我国 XBRL 的研究与应用主要由上海证券交易所（以下简称“上证所”）和深圳证券交易所（以下简称“深交所”）来执行，参与开发 XBRL 应用软件开发的软件公司基本上就是上证所信息公司、深圳证券信息公司、上海新利多公司等几家。同时，我国的分类标准不开放和实例文档下载不方便也制约了我国的 XBRL 的研究与开发。从国外研究文献来看，国外对于 XBRL 的研究也多数涉及作用、历程和意义等方面的研究，虽然也有部分实证性的研究，但国外对于 XBRL 的实证研究则主要侧重于对自愿采用 XBRL 披露和不采用 XBRL 披露的公司进行比较研究，比较两者之间在公司业绩、公司治理上是否有显著的差异。我国对于 XBRL 的采用基本上是属于行政强制行为，因此国外的这种实证研究方法不适用于对于我国 XBRL 的研究。为了避开这种不利因素，本书结合国内外对 XBRL 的研究成果，对 XBRL 的内涵进行全面深入的论述，并结合国际财务报告准则分类标准及我国 XBRL 分类标准架构采用的自上而下，以准则为蓝本的逐项准则法，参考 US - GAAP 的实务披露法提出自下而上，以需求者为起点的需求推动法。同时，提出以用户目的及 IF - THEN 研究方法 XBRL 分类标准的设置提供一新的思维方式，并建立新的 XBRL 理论框架模型。

1.3 研究思路、框架与方法

1.3.1 研究思路与框架

本书第一部分对国内外关于信息披露、信息套利和 XBRL 研究的文献进行了综述。第二部分和第三部分参考国内外比较流行和前沿的理论模型，利用实证分析的方法来分析和检测我国目前信息披露和信息套利的现状。第三部分采用规范研究的方法对我国 XBRL 的目前发展历程进行梳理，结合前两部分的分析，确定如何改善 XBRL 的理论模型，以达到减少信息披露上的不足与控制信息套利的行为。最后，在此基础上提出一些政策与建议，并进行结论性的评述（见图 1 - 1）。

1.3.2 拟采用的研究方法

本书采用规范研究方法与实证研究方法相结合进行研究，其中对信息披露及信息套利主要采用实证研究的方法，利用数据分析得出中国当前的资本市场存在信息披露不够及时、不够全面及质量不够高的现象，并利用实证数据推断出在中国资本市场确实存在信息套利的现

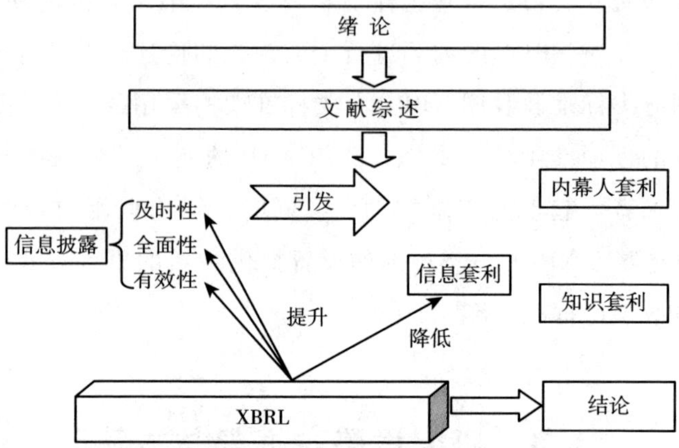

图 1－1 研究框架和思路

象，从而为 XBRL 技术在会计领域研究提供实证上的支持，然后再对结合会计准则的相关规定与要求，对当前中国资本市场重点关注财务事项及套利公司的特征进行挖掘，从上市公司信息披露需求者、供给者和监管者的视角确定当前 XBRL 理论研究的重点。

第2章　国内外相关文献回顾

2.1 信息披露的文献回顾

2.1.1 信息及时性的文献回顾

20 世纪 70 年代研究者用 60 年代或以前的数据对美国股票市场的盈利公告效应进行研究，发现股价自财务报告公告之日起没能引起显著的异常变动，意味着盈利公告的效应不明显。Watts（1978）检验了 1962～1968 年公司盈利季报后异常收益率的变化，发现异常收益率并不大，与交易费用的比率相同，因此盈余公告效应研究陷入困境。直到 Latane 和 Jones（1974，1977，1979）在一系列文章中提出了“未预期盈利”（unexpected earning）①，并利用这一变量进行实证检验，首先发现盈利公告效应比较显著。20 世纪 80 年代以后，Rendleman、Jones 和 Latane（1982）对 1971～1980 年美国股市的盈利公告效应进行较全面和详尽的检验，提供了强烈盈利公告效应的实证依据。张华、张俊喜（2004）则利用我国未预期盈利对盈余公告效应进行研究，发现盈利有增长的公司，股价在盈余公告前就有提前异动现象，因此不排除有信息提前泄露的可能。赵宇龙（1998）使用事件分析法考察了 1994～1996 年上海股票市场对上市盈利公告的市场反应，发现盈利增长组的累计异常收益显著高于减少组，意味着业绩好的上市公司有主动披露好消息的倾向，而业绩差的上市公司有保密延迟披露坏消息的倾向。陈晓等（1999）使用横截面回归来分析盈利变动和异常收益之间的关系，发现在公告日附近，盈利变动和异常收益显著相关。李维安、唐跃军、左晶晶（2005）依据 2000～2003 年中国上市公司年报数据进行假设检验，考察未预期盈利与年

① “未预期盈利”（unexpected earning）指实际盈利与预期盈利之间的差值。

报披露及时性之间的关系，认为中国上市公司卷入盈余管理甚至利润操作的可能性较大，从而不能确定未预期盈利越高、企业业绩越好的上市公司年报迟滞时间越短。从以上文献可以看出，研究者普遍认同上市公司的盈利公告具有信息含量，在其公告的一定时间段，会产生未预期盈利，但同时也发现上市公司存在“好消息”提前披露和“坏消息”延迟披露的现象。

2.1.2 信息全面性的文献回顾

Bhushan（1989）、Lang 和 Lundholm（1993）、Lang 和 Lundholm（1996）等研究发现，分析师可以通过增加披露的会计信息来降低对公司不确定性情况的预测，而且增加信息披露的上市公司能获得更多分析师的关注，同时由于信息的充分披露，分析师之间的预测分歧也较小，公司的融资成本就较低。Spence（1974）、Rothschild 和 Stiglitz（1976）研究发现，企业业绩较好、价值较高的公司更乐于较为完整、及时、真实地披露相关信息。Partha Sengupta（1998）研究表明，债权人和承销商评价债务风险的因素之一是公司隐瞒不利信息的可能性，公司面临的市场不确定性越大，公司债务筹资成本越高。沈艺峰（1996），吴世农、黄志功等（1997）实证研究发现中国上市公司信息披露也很不充分。从以上文献研究可以看出，增加信息披露可以降低上市公司的不确定性，研究者普遍认为上市公司在信息披露上不够充分，增加披露可以带来一定的信息含量。

2.1.3 信息透明性的文献回顾

国内外研究会计信息披露质量一般都采用以下三种方法：一是评分法。Wallace（1988）、Cooke（1989，1992，1993）、Robbins 和 Austin（1986）、Juhmani（2000）等首先应用两分法评价会计信息披露质量。Meek 等（1995）和 Botosan（1997）采用汇总公司信息披露指数来评价信息披露的质量。二是事件法。即以被证券监管机构因违规而处罚事件的个数来直接判断上市公司整体信息披露质量的高低。三是理论模型法。Bhattacharya 等（2003）、曾颖和陆正飞（2006）从盈余管理角度出发，建立收益激进度（EA）、收益平滑度（ES）、收益透明度（OEO）等联合指标来评价会计信息披露程度。从前面文献可以看出，目前国内外对于信息透明度的研究已经有比较完善的研究思路和研究方法。

2.2 信息套利的文献回顾

Merton（1987）、Kelly（2005）等研究认为，公司大、小规模在会计信息披露的风险上存在差异，一般，后者会计信息披露风险大于前者，后者信息披露透明度较差。同时，由于小公司规模较小、影响力较弱，公众对小公司的关注度也较低，小公司的信息流动性相对较差，故小公司的私有信息保留空间较大，私有信息套利行为将更普遍。Ho 和 Michaely（1988）认为小公司的信息受到关注度较低，从而其信息收集成本要大于大公司的信息收集成本，小公司的私有信息套利空间相对于大公司要大。Roll（1988）提出用 R^2 来测量私有信息（private information）的存在，Durkey、Morck、Yeung 和 Zarowin（2001，2004）也支持这种观点。然而有些人提出 R^2 不等于 1 是因为市场效率问题。West（1988），Campbell、Lettau、Malkel 和 Xu（2000）根据现金流贴现模型，发现市场效率与 R^2 成正比，但 Durkey、Morck 和 Yeung（2004）发现市场效率与市场 R^2 模型之间存在反比关系。Kelly（2005）对 R^2 进行再回归时发现，信息环境好的股票其 R^2 要高，发生内幕交易会更加频繁。DMYZ（2001）、DMY（2004）证明在美国市场上低的 R^2 并非噪音等导致股价波动，主要是由于公司特质信息中的私有信息的融入所引起的。

2.3　XBRL 研究的文献回顾

2.3.1　国外 XBRL 研究

由于 XBRL 是最先在美国提出的，因此国外对于 XBRL 的研究相对于国内 XBRL 的研究，涉及面要广阔得多，国外对于 XBRL 的研究可以大致分为以下几类。

（1）XBRL 产生基础研究。

Sorter（1969）提出的会计“事项法”（the events approach）思想，但由于当时信息技术的限制，实现起来非常困难，因此该思想只停留在展望层面。Eliott（1992，1994）和 Wallman（1995，1996，1997）最早研究了网络等新技术对公司财务报告的影响。Eliott 认为信息技术深刻地改变了商业运作模式，因此公司财务报告也应有所变革。Wallman 则认为企业应该利用信息技术增加企业信息披露的频率，披露更多细节信息。他在 1997 年指出当时的财务报告模式是一种“黑白模式”，过滤了很多有用的信息，同时提出财务报告应该以投资者决策服务为重心。Eliott 和 Wallman 的研究使 Sorter（1969）提出的会计“事项法”思想重逢生机。在 Sorter 这一思想指导下，Goetz（1939）提出的“数据会计”得到了重视，Goetz 认为企业所有经济活动都应以基本信息单位储存下来，并以开放所有数据不加工地提供给信息使用者，由信息使用者根据自己的需要来获取信息。受当时的信息技术水平的局限，这一思想并没有在当时的实务中得以运用。随着“事项法”思想和数据库技术的发展，McCarthy（1979，1982，1997）基于“实体—实体”（Entity – Relation，“E – R”）模型提出并建立了“REA 会计报告模式”，为了使“REA 会计报告模式”

更具有操作性，Peter Verdaasdonk（2003）提出把面向对象的数据模型应用到财务数据的组织中。总括这些财务报告模式理论，都强调以信息使用者为导向，依托计算机技术、数据库技术、网络技术，考虑财务与非财务信息，灵活及时地进行会计信息披露。然而这里很多模式却仅仅是一种呈报思想或理念，并没有涉及具体建模或实现方法，事实上在当时的技术条件下也没有实现的可能。截至目前，企业的报送的还是经过加工、筛选处理后的财务报告，报送方式也主要以纸张、WORD、EXCEL 及 PDF 等电子文件为主。于是 Kaplan 和 Murdock（1992）、Booth 和 Rupert（1994）、Leary 和 Daniel（1995）、George Valiris 和 Michalis Glykas（1999）、Sylvia Constantinides（2004）、Vergidis 和 Turner 和 Tiwari（2008）等学者沿着 Hammer 的企业业务再造理论的思路对会计业务流程再造进行了深入广泛的研究。由于企业业务流程再造理论强调从根本上重新思考、彻底改选、参考最佳模式、重新设计企业的业务流程。其处理问题过于激进，部分学者对其也持不同观点，如 Peppard 和 Rowland（2003）就对此提出异议，于是研究者把研究重点集中于披露方式的研究。Gerald（2007）对报送方式进行研究，指出前期研究方式下的财务报告形式将造成电子表格的繁殖，从而降低控制与管理报告系统的能力。随着 XML 技术的出现，XML 对数学、电子商务、化学、经济等起了很大的作用，在数学方面产生了有关数学公式符号的 MathML，在电子商务领域产生了标准 ebXML、BizTalk，在化学领域产生了 cML、xCBL、tpaML 等。如何把 XML 技术应用于企业财务报告领域就引起了会计研究工作者的注意，于是对于财务报告披露研究的方向就转向了 XBRL 的研究。

（2）XBRL 的作用研究。

Strand 等（2001）、CICA（2003）、Jones 和 Willis（2003）、Pinsker（2003）在研究中认为 XBRL 具有无须改变现存的会计规则前提下，允许使用者跨系统平台以标准化的标记编制、发送各种不同格式的财务数据，并可直接对这些数据进行交换和分析。因此 XBRL 的引入并不需要对原有会计流程进行大的变革就能实现会计数据的及时、快捷处理。而 Bonson、Cortijo 和 Escobar 认为不同的国家采用不同的会计原则，从而影响信息的标准化、可比性和重新利用，建议建立基于国际财务报告准则的 XBRL。因此，如果建立基于国际财务报告的 XBRL，那么 XBRL 就有助促进会计准则的国际趋同甚至等同。Debreceny 等（2001）认为，财务报告如能通过智能软件代理则可以产生高度准确和可靠的数据，XBRL 的采用为该结合提供了现实的可行性。因此可以从新的研究角度和研究方向应用和发展 XBRL 技术，如 Taxonomy 的设置、财务报告的认证和智能代理等方面。Hodge 等（2004）采用试验的方法来研究信息使用者如何解读复杂财务报告中关于股票期权补偿的披露，发现信息使用者更能读懂报表内的数据，而比较难读懂报表附注的信息。实验结果表明，利用 XBRL 技术可以帮助投资者更好地整合和获取信息，并可以提高管理决策和提高公司的财务信息透明度。Jing 等（2009）、Cohen 等（2005）认为资本市场对于信息有着明确的需要，财务信息对于协助评价公司业绩，进行投资决策有着非常重要的作用，因此急需能更可靠、更持续、更充分的披露技术来进行信息披露。Boritz 和 No（2004）认为 XBRL 利用互联网具有高效传递披露信息的潜能，能产生高质量、透明的信息。Cohen 等（2005）认为 XBRL 对于公司信息披露格式、披露时间和内容作用的改变起到催化剂的作用。Premuroso（2008）采用实证研究的方法对早期自愿以 XBRL 格式申报财务信息的公司和没有使用 XBRL 申报财务信息的公司进行研究，发现前者具有更好的公司治理结构与经营绩效。研究表明，公司治理结构和早期的自愿信息披露以 XBRL 格式进行财务信息披露的决定显著正相关。

（3）XBRL 分类标准制定研究。

Bovee 等（2005）从 Taxonomy 的重要性视角探讨如何设置、评价和改进现有的分类标准。他认为制订分类标准是非常复杂的工程，建议采用实证法来评价和改进的分类标准，通过利用早期数据来评估以前的分类标准来证明特殊分类标准的必要性。Bonsón 等（2008）认为 XBRL 分类标准数据集的加大存在很大的风险，可能要面临目标的标准化、可比性和信息的可重用性等风险。并从财务信息的可比性视角出发，指出 XBRL 分类标准将来的发展方向是建立全球化的会计标准，并提供了 IFRS－GP 分类标准有效性的评估并提出了改善这一分类标准的办法。Debreceny 等（2005）则采用规范研究的方法，从批评的视角进行评价，对关于证券交易委员会 EDGAR（电子数据收集、分析及检索）系统的 XBRL 格式财务报告进行评判。重点考察了 XBRL 在财务报告中的作用、XBRL 的分类标准、XBRL 技术对 SEC 备案程序的影响，指出 XBRL 财务报告附注披露的分类质量不容易得到保证。

（4）XBRL 财务报告的审计鉴证研究。

Woodroof（2001）研究了 XBRL 对持续审计的影响，发现 XBRL 对持续审计的实施提供了基础。其在研究中设计并证明了持续审计在债务契约遵守域的实施，通过互联网传送的数字代理和报警触发 Web 应用程序持续地监视客户参数的实际值以使其符合债务契约协议中规定的标准。而 Murthy 和 Groomer（2004）开发了基于网站服务的连续审计模式，该模式基于 XML 的会计系统，构建的连续审计模型为在线实时创建 XBRL 实例打下了基础。可扩展保证报告语言（XARL）能够使报表提供者确保分散在互联网上报表信息的完整性，XARL 的建立使持续实时审计成为可能。Boritz 等（2005）则从安全机制角度进行研究，认为目前点对点的网络安全机制存在一定的缺陷，应该建立网络财务报告服务安全机制，为财务报告的审计鉴证提供条件；并指出如果没有良好的安全机制，XBRL 与 XARL 将不能完全发挥其作用。

2.3.2 国内 XBRL 研究

当国外学者对 XBRL 进行深入研究时，国内学者自 2000 年开始也加入 XBRL 的研究行列，何异（2011）从中国学术期刊网络出版总库、中国学术辑刊全文数据库、中国重要会议论文全文数据库、国家科技成果数据库等各类文献数据库中收集后发现，国内从 2000 ~ 2011 年涉及 XBRL 的文献共有 457 篇。但国内学者对 XBRL 的研究主要都集中于技术介绍或预测性的研究。丁玲（2001）、沈颖玲（2005）、高锦萍和张天西（2006）介绍了 XBRL 的发展，并分析 XBRL 发展对我国的启示及 XBRL 的作用。朱本霞和吕科（2006）、曲吉林等（2005）从 XBRL 规范、分类标准、实例文档及样式表四方面分析 XBRL 的技术原理。沈颖玲（2002，2004）分析了 XBRL 的特征，并提出用 XBRL 构建 IFRS Taxonomy 体系的构想。潘琰（2003）系统性地介绍了 XBRL 概念、原理、特征等，分析了 XBRL 对会计和审计的影响。高斌（2004）最早在中国介绍了 XARL 的原理和对会计、审计的影响。赵惠芳等（2005）还尝试性地提出了中国环境下基于 XBRL 语言的网络财务呈报模型。从 XBRL 的理论基础及价值优势、XBRL 的分类标准制定以及 XBRL 的财务报告审计鉴证等方面进行分类综述。

从以上的文献研究来看，这些文献对 XBRL 的产生起到了积极的推动作用，并为 XBRL 分类标准的设计提供了多角度的思维方式。但这些文献研究均只涉及 XBRL 的某一方面，或者仅仅是一种构想式的研究，没有形成系统化、整体化和条理化的框架结构。很多还不具有技术上的可行性，因此在实务界并没有得到足够的重视。由于目前 XBRL 的开发设计还处于摸索、实验阶段，如何集成前期的理论研究成果，提出 XBRL 的开发总框架将对 XBRL 的进一步发展产生质的飞跃。

第3章　我国信息披露现状的实证研究

我国上市公司信息披露一般是指上市公司通过招股说明书、上市公告书、定期报告、临时报告及其他披露文件，向信息使用者披露反映财务状况、经营成果和现金流量变动的货币信息以及有利于理解、分析利用上述信息的相关非货币信息。信息披露制度是证券公开原则的具体贯彻和实施，是证券市场健康得以存在与发展的核心和基石。证券市场从实质来看，不仅是证券的市场，更是信息的市场。在资本市场中，评价信息披露水平的标准有三条：及时性、充分性和有效性。①

3.1 信息披露的及时性的实证研究

刘建勇、朱学义（2008）通过设置及时性变量、可靠性变量以及借息披露质量变量来衡量及时性与可靠性的关系。发现中国上市公司信息披露及时性与可靠性之间存在显著的负相关，面对信息披露及时性与可靠性的权衡选择，我国上市公司优先考虑信息披露的及时性。唐跃军、邵燕敏（2008）考察了组合动机对年报和一季度季报披露及时性差异的影响。发现年报与一季度季报之间可通过组合操控来放大好消息所带来的积极影响和减弱坏消息所带来的消极影响。从而使一季度的季报成为公司年报的平衡器。Robert W. McGee 和 Xiao li Yuan（2008）将中国上市公司年报披露时间与发达国家非华企业上市公司年报披露时间进行比较，发现中国上市公司财务报告年报披露所需时间要长于发达国家的非华企业所需时间。Jan Annaert，Marc J. k. De Ceuster，Ruud Polfliet 和 Geert Van Campenhout（2002）研究发现比利时企业报告时滞在缩短，并且盈余消息的好坏对不正常收益的影响要大于对及时性的影响。李维安、唐跃军、左晶晶（2004）

① 李晓慧．资本市场会计信息披露案例［M］．北京：经济科学出版社，2011.

在控制财务杠杆、审计者更迭、审计者规模、证交所、ST 制度和公司规模的情况下，研究年报迟滞时间与审计意见、未预期盈利、企业业绩之间的关系。发现未预期盈利为正、本年度未被出具非标准审计意见以及企业业绩好的上市公司年报披露越及时。而财务杠杆低、ST 类、规模大的上市公司年报迟滞长。冯建、黄建华（2005）则发现，在控制一定影响因素情况下，上市公司第一大股东持股比例与盈利信息披露及时性之间呈“N”形；第一大股东为国家股股东的公司比第一大股东为国有法人股股东的公司报告及时性较差。根据会计经济后果理论，年报滞后将带有一定的经济后果，朱晓婷、杨世忠（2006）以年报时滞作为及时性替代变量，实证研究中国上市公司会计信息披露及时性与市场反应的关系。发现早披露年报公司的市场反应显著强于晚披露公司。刘丽华、李月娥（2009）通过设置及时性变量、市场反应变量、控制变量建立模型进行分析，分析结果显示，在公告日附近反常收益与年报时滞间存在显著的负相关关系，这也印证了朱晓婷、杨世忠的研究。从国内外研究可以发现普遍存在“好消息早，坏消息晚”的现象。发达国家资本市场的研究进一步表明，“好消息早、坏消息晚”是基于两种理论基础：利益相关者理论（stakeholder theory）和内部报告假说（internal reporting hypothesis）。Watts 和 Zimmerman（1990）提出“利益相关者理论”，该理论认为上市公司信息是被强制要求披露，因此上市公司不能藏匿坏消息，那么它们采取延迟公布的办法来披露坏消息，从而利用不充分的信息推迟利益相关者对上市公司的监督。Lanrie 和 Pastena（1975）则提出“内部报告假说”。该理论认为经理人员出于“自利人”假设，如果绩效评价和报酬与公司盈余业绩关联，则公司经理将特别关心公司内部的绩效评价，在个人利益最大化驱动下，就会驱使经理人员将保留坏消息延迟发布，直至坏消息得到核实、调整后再公布。从管理动机来看，这两种理论在披露时机决策上存在一定差别，但是，两者产生的结果是相同的，即“延迟坏消息披露，加速好消息披露”。然而对于企业外部利益相关者则不同，无论好消息、坏消息，上市公司都必须准确、及时地披露其相关信息。而目前我国很多上市公司对一些重要会计信息，特别是不利信息仍然故意延期披露。从我国证监会统计的情况看，延期披露的背后一般存在着内幕交易或操纵市场的行为。

3.1.1 理论分析与研究假设

假设 3－1：在同等条件下，每股收益相对上年降低的上市公司年报披露迟滞时间越长，即年报披露不及时越明显。

巫升柱、王建玲、乔旭东（2006）对中国上市公司 1993～2003 年 8294 份年度报告披露时间进行多元回归分析，发现盈利公司比亏损公司更早披露其年度报告，同时发现随着时间推移，中国上市公司年报披露的及时性在逐步提高。上市公司历来存在“好消息早报，坏消息晚报”的现象，当本期每股收益相对上期每股收益下降时，此信息相对于利益相关性及潜在投资者是坏消息，因此上市公司有动机推迟年报的披露时间。

假设 3－2：在同等条件下，净资产收益率相对上年降低的上市公司，年报迟滞时间越长。

净资产收益率较好地弥补了每股收益指标的不足，该指标衡量上市公司利用资本的效率。刘国亮、王加胜（2002），高明华（2005）在研究公司绩效时都采用了 ROE 指标作为上市公司业绩衡量指标。孟卫东、陆静（2000）在研究上市公司财务信息披露年报时，发现上市公司年报披露时间与 ROE 存在较大的相关性。由于投资者对上市公司的投资决策是基于一个预期的基础之上，当管理者意识到披露的信息是一个“坏消息”时，管理者将会有意识地推迟不利信息的披露。而且净资产收益率是一个投资者衡量上市公司业绩的重要指标，因此假设如果 ROE 相对于上年降低，则上市公司将推迟年报的披露时间。

假设 3 - 3：上市公司披露年报披露时间与 ST 公司类型正相关，上市公司为 ST 类公司，则年报披露时滞越长。

通常 ST 类的公司被认为是业绩不好的公司，对于 ST 上市公司其去 ST 化最重要的一个条件就是其年报数据，因此很多 ST 类上市公司为了去 ST 化，通过谋求收购重组，或通过非经常性损益项目来达到盈利的目的，而收购重组业务相对耗时而可变性较大。而非经济性损益主要涉及长期资产处置、非货币性交易及债务重组业务，这些业务相对也涉及时间较长，而大部分 ST 上市公司缺乏此类业务，因此其通过延迟披露信息让人猜测，因为缺乏此类业务的消息一旦确认，其财务业绩进一步恶化的可能性加大。因此假设 ST 类公司普遍存在年报时滞较长的现象。

假设 3 - 4：上市公司年报披露时滞与资产负债率变化方向正相关。

雷秋平（2009）构造了及时性关系结构模型，发现资产负债率、公司规模、审计意见、亏损状况、每股盈余是影响年度报告及时性的重要因素。资产负债率大、审计意见为非标准意见、公司规模大和处于亏损状态的公司均倾向于较晚披露年报。由于资产负债率从资本结构的角度来考察企业的偿债能力，偿债能力越强，意味企业未来的财务风险较小，企业资金运用能力越强。反之亦然，假设如果企业资产负债率相对上年提高，则企业年报时滞越长。

3.1.2　研究设计

3.1.2.1　变量设计

（1）及时性的度量（Days）。我国上市公司财务信息披露制度的规定，我国上市公司必须在企业会计年度结束日以后的 4 个月内，即下一年 4 月 30 号之前公开披露审计后的财务报告。我国很多专家学者对上市公司年报披露时间进行分析研究，发现随着上市公司数量的增多，上市公司年报披露呈现出“前松后紧”的现象，年报倾向于集中在年报最后期限前进行披露。Haw 和 Wu（2000）对 1994 ~ 1996 年中国上市公司年报披露时滞进行研究发现，超过 30% 的上市公司在法定披露期限前的最后一周披露其年度报告，亏损公司披露得最晚。王建玲、张天西对我国 1993 ~ 2002 年上市公司进行统计分析，发现上市公司年报时滞均值为 90 天左右，在 3 个月以内披露年报的企业占 50% 稍多一点。刘建勇、朱学义对我国 2005 ~ 2007 年上市公司进行统计分析发现，上市公司年报时滞均值为 90.23 天。因此，李维安、唐跃军和左晶晶（2005）在后续研究中，建立年报时滞模型，把三个月以内披露年报的上市公司认定为及时性较好，采用 TIME 变量表示及时性的度量指标，取值为 1；在第四个月及以后披露年报的公司，认定为及时性较差，令 TIME 变量取值为 0。而自 2002 年开始，我国证监会采用预约披露制度要求中国上市公司对上一年度报告的预约披露日期实行公开。年报披露时间的预约制度是中国特殊背景下的“独特”产物，杨志强（2003）、王立彦和伍利娜（2003）、邓顺永（2004）、唐松华（2004）、薛祖云和吴东辉（2004）等参考我国预约披露制度，分别对深沪上市公司 2001 年或 2002 年的年报预约披露执行情况进行研究，发现年报预约披露制度在一定程度上提前了年报的披露时间，强化了信息公告的及时性，而且绝大多数上市公司都能够按年报预约日期披露年报。通过对上市公司 2003 ~ 2010 年年报预约日期与实际披露日期进行比较，发现 95% 以上的上市公司都能按预约日期进行披露。因此本书采用实际披露日期作为研究对象。

（2）盈余变动变量（EPSC、ROEC、EPRC）：Slovic（1969）、Mear 和 Firth（1990）研究发现，投资者在进行投资决策时存在很大程度的个体信息偏好差异，但大部分在投资决策时会参考上市公司的盈余和销售收入信息。Pankoff 和 Virgil（1970）也证实，大部分分析师进行股票投资时，会关注上市公司的盈余和销售收入信息而不是其他类型的信息。Mear 和 Firth（1987）在研究中发现分析师在预测股票回报时，非常重视上市公司的销售增长和获利能力。Frishkoff 等（1984）、Mear 和 Firth（1988）还发现流动比率、经营范围、投资回报及杠杆作用等其他财务信息也将影响投资者的判断。从以上文献可以发现，前期关于信息披露及时性的研究主要集中于收益类指标，而忽略了收益指标的变动情况研究，因此本书采用了 EPSC、ROEC、EPRC 分别代表每股收益变动方向、净资产收益率变动方向、销售毛利现金率变动方向等盈余变动类变量，分别从收益、效率和变现三个角度来考察企业的信息披露及时性问题。同时采用了 DPAC（资产负债率变动方向）代表杠杆作用指标。Bettman 和 Weitz（1983）、Staw 等（1983）研究发现，由于财务报告使用者假定财务报表不存在重大错报，且审计报告几乎不含有财务报表以外的信息，因此不同类型的审计报告对投资者决策几乎没有什么影响。因此，在研究设计中，没有考虑审计报告的类型。

3.1.2.2　样本与数据来源

（1）样本范围：2003 年 1 月至 2010 年 12 月上海证券交易所（以后简称上证所）和深圳证券交易所（以后简称深交所）的所有上市公司（含创业板上市公司）。

（2）样本选择：通过对 2003 ~ 2010 年所有数据进行分析，考虑数据的选取全面性，要求上市公司至少有一年年报披露资料条件。

（3）数据来源：北京色诺芬信息有限公司 CCER（北京大学中国经济研究中心）数据库、国泰君安数据库、WIND 数据库、中国证监会、上证所及深交所的网站的相关数据资料。

3.1.2.3　研究模型设计

模型。

$$DAYS = \beta_0 + \beta_1 EPSC + \beta_2 ROEC + \beta_3 EPRC + \beta_4 CASHC + \beta_5 DPAC + \beta_6 EXCHPL + \beta_7 ST + \beta_8 LNASSET \quad (3-1)$$

各变量解释如表 3－1 所示。

表 3－1 变量一览表

被解释变量	DAYS 年报迟滞的时间，以上市公司年度财务报告的披露时间距离上一个会计年度结束（YYYY－12－31）的天数来计算
解释变量	EPSC EPS 是指每股收益，$\Delta EPS = EPS_{i,t} - EPS_{i,t-1}$，表示当年每股收益与上年每股收益的差额。若 $\Delta EPS > 0$，则 EPSC 为 1，否则为 0
	ROEC ROE 表示净资产收益率，$\Delta ROE = ROE_{i,t} - ROE_{i,t-1}$，表示当年净资产收益率与上年净资产收益的差额，若 $\Delta ROE > 0$，则 ROEC 为 1，否则为 0
	EPRC EPR 表示销售毛利率，$\Delta EPR = EPR_{i,t} - EPR_{i,t-1}$，表示当年销售毛利率与上年销售毛利率的差额，若 $\Delta EPR > 0$，则 EPRC 为 1，否则为 0
	CASHC CASH 等于经营活动产生的现金流量净额/经营活动净收益，$\Delta CASH = CASH_{i,t} - CASH_{i,t-1}$，表示当年经营活动净利润现金率与上年经营活动净利润现金率的差额，若 $\Delta CASH > 0$，则 CASHC 为 1，否则为 0
	DPAC DPA 表示资产负债率，$\Delta DPA = DPA_{i,t} - DPA_{i,t-1}$，反映当年资产负债率与上年资产负债率之间的变动情况，若 $\Delta DPR > 0$，则 DPAC 为 1，否则为 0
控制变量	LNASSET 总资产的自然对数
	EXCHPl 证交所，哑变量，1 代表在沪市上市，0 代表在深市上市
	ST ST 制度，哑变量，1 代表一般上市公司，0 代表 ST 上市公司

3.1.3 实证研究

3.1.3.1 描述性统计

从表 3－2 可以看出，上市公司披露年报时滞最大是 2008 年，平均时滞天数为 92 天，年报时滞最小的年份是 2003 年与 2004 年，平均时滞天数为 87 天，而其他年限平均年滞时间为 90 天左右，年份之间没有太大差异。这与刘建勇、朱学义（2008）统计分析的我国上市公司 2005～2007 年报告时滞均值为 90.23 天数据基本一致。可以初步得出以下结论，随着时间推移，上市公司年报披露时滞没有显著变化。

表3-2 整体上市公司时滞表

年份	2003	2004	2005	2006	2007	2008	2009	2010
上市公司数量	1211	1308	1319	1409	1533	1588	1749	2104
平均时滞天数	87	87	91	91	89	92	88	89

从表3-3和图3-1可以看出，会计年度结束后一个月内报送的上市公司年报最多为2010年的42家，报送比率最高的年份是2004年，占全部上市公司2.6%的比率，两个月内报送的上市公司年报最多的是2009年的218家，报送比率最高的年份为2003年，占当年全部上市公司13.38%。由此可以看出，大部分上市公司年报的披露的时间集中在三四月，比率最高达92.95%。

表3-3 上市公司时滞比率分析表

年份	2003	2004	2005	2006	2007	2008	2009	2010
一个月内报送数	16	34	25	27	28	7	31	42
占全部样本比例（%）	1.32	2.60	1.90	1.92	1.83	0.44	1.77	2.00
二个月内报送数	162	155	116	148	180	112	218	188
占全部样本比例（%）	13.38	11.85	8.79	10.50	11.74	7.05	12.46	8.94

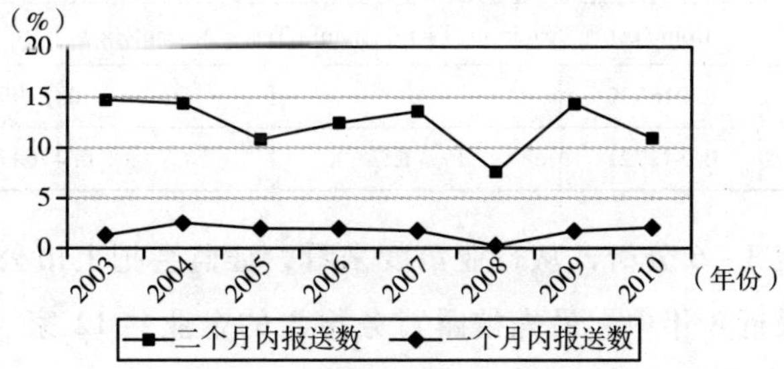

图3-1 上市公司时滞比率分析图

从表3-4可以看出，上证所上市公司年报的平均时滞时间为89天左右，深交所上市公司年报的平均时滞时间为88天左右。两个证券交易所上市公司平均年报时滞时间相差不大。从表3-4可以推测，上市公司在上证所上市或深交所上市对于年报时滞没有实质性影响。

表 3－4　上证所和深交所上市公司年报时滞一览表

Stockex	N Obs	N	Mean	Std Dev	Minimum	Maximum
SH	888	888	89.7850319	14.6723490	24.0000000	119.3750000
SZ	1216	1216	88.7394776	16.0754949	20.0000000	131.37500000

为进一步检验上证所与深交所上市公司年报时滞分布是否相同，采用两个独立样本 Kolmogorov－Smirnov 进行检验，检验结果如表 3－5 所示，从表中可以看出，由于 D 统计量对应的 P 值（“Pr > Ksa” = 0.4764），因此可以得出以下结论，在显著水平 a = 0.05 的条件下，P 值远远大于 a，所以没有理由拒绝原假设，即没有充分证据表明可以否定上证所与深交所年报披露时滞分布相同的假设。

表 3－5　**Kolmogorov－Smirnov Test for Variable days**

Classified by Variable stockex			
Stockex	N	EDF at Maximum	Deviation from Mean at Maximum
SZ	1216	0.134046	0.547479
SH	888	0.096847	－0.640661
Total	2104	0.118346	
Kolmogorov－Smirnov Two－Sample Test（Asymptotic）			
KS	0.018372	D	0.037199
KSa	0.842721	Pr > KSa	0.4764

根据表 3－6 分析，从行业角度来看，证监会把上市公司分为 13 类行业，最近 8 年中，最先披露财务报告的企业共 12 家。跨 7 个行业，几乎每年有一个不同行业的上市公司最先披露财务报告信息。从地域角度来看，涉及 11 个省区市，其中深交所 4 家，上证所 8 家。从对上市公司进行审计的机构角度来看，涉及 9 家会计师事务所。以上分析可以得出以下结论，最早披露财务信息的公司没有明显的行业、地区差异。同时也可得出结论，审计机构也不能成为上市公司财务报告信息披露迟滞的借口。

表 3 – 6　　各年最早披露财务报告信息上市公司一览表

年报披露时间	股票代码	企业名称	所属证监会行业	省份	审计机构
2004 – 01 – 13	000888. SZ	峨眉山 A	社会服务业	四川	信永中和会计师事务所
	600317. SH	营口港	交通运输、仓储业	辽宁	华普天健会计师事务所
	600458. SH	时代新材	制造业	湖南	安永华明会计师事务所
2005 – 01 – 12	600356. SH	恒丰纸业	制造业	黑龙江	中审国际会计师事务所
2006 – 01 – 19	600461. SH	洪城水业	电力、煤气及水的生产和供应业	江西	中磊会计师事务所
2007 – 01 – 12	600527. SH	江南高纤	制造业	江苏	立信会计师事务所
2008 – 01 – 22	000719. SZ	大地传媒	传播与文化产业	河南	中勤万信会计师事务所
	600173. SH	卧龙地产	房地产业	浙江	立信会计师事务所
	600317. SH	营口港	交通运输、仓储业	辽宁	华普天健会计师事务所
2009 – 01 – 15	600435. SH	中兵光电	制造业	北京	中瑞岳华会计师事务所
2010 – 01 – 12	000750. SZ	国海证券	金融、保险业	广西	中磊会计师事务所
2011 – 01 – 08	000620. SZ	新华联	房地产业	北京	信永中和会计师事务所

从表 3 – 7 可以看出，上市公司年报时滞最长的行业为综合类，大约为 95. 98 天。时滞最短的行业为制造业，大约为 87. 99 天，两者相差的天数也仅为 7 天左右，其他大部分行业的时滞时间为 90 天左右。因此，从表 3 – 7 中可以发现，行业特征对上市公司年报披露时滞影响不大。通过 Pearson 相关检验分析年报时滞与上市公司规模之间的关系发现，上市公司年报时滞时间与企业规模之间存在负相关，但不显著（p = 0. 6617，远大于 a = 0. 05）。

表 3 – 7　　上市公司年报时滞表（按行业分类）

indust	N	mean	std dev
采掘业	51	90. 36	14. 995
传播与文化产业	26	89. 80	12. 88
电力、煤气及水生产供应业	72	89. 33	15. 442
房地产业	129	89. 16	16. 573
建筑业	42	91. 92	13. 067
交通运输、仓储业	71	89. 93	15. 238
金融、保险业	38	91. 87	13. 16

续表

indust	N	mean	std dev
农、林、牧、渔业	45	91.93	16.812
批发和零售业	115	91.64	13.329
社会服务业	63	90.80	17.195
信息技术业	158	90.66	16.94
制造业	1240	87.99	15.354
综合类	54	95.98	16.07

3.1.3.2 实证检验

从表 3-8 可以看出，对模型进行回归分析，发现 R^2 为 0.0544，调整后的 R^2 为 0.0538。根据国内外文献研究，对于时滞天数的实证研究，R^2 一般都处于 0.05～0.10①。因此本书中的 R^2 是处于一个可授受的范围，同时从系数预计的符号来看，与理论的预期是相符的。EPSC 的系数为 -2.90159，其对应的 $P<0.0001$，因此可以推断，假设 3-1 成立，年报时滞与上市公司的每股收益的变动负相关，当年的每股收益低于上年时，上市公司有动机推迟年报报送的时间。ROEC 的系数值为 -3.39445，其对应的 $P<0.0001$，这说明了上市公司净资产收益率相对上年出现下降，对于上市公司而言，是坏消息，因此，这一“坏消息”将使上市公司有推迟年报披露的动机，因此假设 3-2 成立。ST 的系数为 -10.4883（$P<0.0000$），从此可以推断，上市公司年报时滞与 ST 如否负相当，ST 公司由于业绩相对较差，摘帽希望不大，没有好消息的前提下，有推迟披露坏消息的动机，因此假设 3-3 成立。ERPC 系数值为 1.46547，资产负债率的变动与年报时滞正相关，也就是如果上市公司资产负债率相对上年有所提高，显然这是一相对坏消息，年报披露时滞越长，但由于此坏消息并不对上市公司业绩产生巨大影响，因此该系数应的 P 值 0.0908，说明该影

① 据李维安、唐跃军、左晶晶（2005）的研究 adjust R^2 达到了 0.1419。

响相对而言在 a = 0.05 时不显著，但在 a = 0.1 时显著，说明资产负债率的变化与上市公司年报时滞有弱正相关关系。假设 3 - 4 成立。从前面回归结果还可以看出上市公司披露年报时间与公司规模无关。在早期，由于信息技术相对落后，会计数据的加工处理和审计流程较慢，披露手段原始落后，Anne E. Chambers 和 Stephen H. Penman（1984）研究发现报告时滞具有规律性和可预见性，公司规模与年报时滞负相关。上市公司的规模在技术条件限制下影响到年报的披露时间。随着会计、审计理论的发展，信息技术的不断发展与应用，上市公司的规模因素对年报披露时滞的影响减弱。因此上市公司年报披露时滞与公司规模无关。

表 3 - 8　　模型回归结果表

参数	预计符号	Model		
		Coeff	t - Stat	Prob
intercept	?	92.36378	27.41	< 0.0001
EXCHPl	?	0.2694	0.62	0.5358
ST	-	- 10.4883	- 13.85	< 0.0001
EPSC	-	- 2.90159	- 5	< 0.0001
ROEC	-	- 3.39445	- 5.8	< 0.0001
EPRC	-	- 0.75079	- 1.68	0.0924
CASHC	-	- 3.87094	- 8.48	< 0.0001
DPAC	?	1.46547	3.37	0.0908
LNASSET	?	0.46635	2.85	0.144
R - Square	0.0544			
Adj R - Sq	0.0538			
N	11817			

3.1.4 研究结论

从以上的分析研究中，可以看出，不管是深交所还是上证所的上市公司，从企业财务报告的披露制度能看出企业的财务报告具有很强的滞后性。这既有法律法规的默许，也有财务会计核算自身的约束。《股票上市规则》《创业板股票上市规则》等规则规定，上市公司年度报告应在下年 4 月 30 日前披露完毕。这一默许为上市公司年报时滞找到了合法的借口。而从财务会计核算来看，财务会计反映的是已经发生的经济业务，是事后核算，在确认核算上本身就具有信息滞后性。再加上会计处理及审计程序本身的局限性，上市公司年报披露的最后日期定为 4 月 30 日。这就意味着年度会计信息最迟可以滞后到 4 月 30 日。而在这段时间内，企业的财务工作人员、董事会及审计事务所等大量的人员都已经接触到了企业的财务报告信息，从而成为这一信息的知情者，具有这一方面的信息优势。为了弥补这方面的不足，证监会、证券交易所也意识到了这一问题。因此要求企业及时披露业绩预告、业绩预告修正公告或盈利预测修正公告。年报预约披露时间在 3 月和 4 月的中小企业板上市公司和创业板上市公司，应在 2 月 28 日前按照本所有关规定编制并披露上年度业绩快报，并鼓励其他公司在年报披露前发布年度业绩快报，从而更好地避免会计信息滞后所带来的信息套利行为的发生。上市公司的财务报告信息本身就是一种商品，具有很强的时效性，一旦该商品过了有效期，其价值将大打折扣。然而从我国目前上市公司信息披露实况来看，部分上市公司利用财务信息披露不及时来谋利主要体现为上市公司故意推迟应披露的财务报告信息，如每年部分上市公司在 2 月 28 日预亏公告截止日过去后才发布预亏预警公告。近几年，证券监管加大了监管力度，上市公司利用信息披露时间差来谋取私利的行为有所收敛，但此种行为仍然存在，而且操作手法也更具有隐秘性。

3.2 信息披露的全面性分析研究

自 2006 年新会计准则发布实施以来我国关于上市公司信息进行

披露的文件、规章及制度主要有以下几类：第 1 类，结合与上市公司年度报告编制、披露相关的规定类。上市公司需要按照财政部发布的《企业会计准则 2006》《企业会计准则指南 2006》《企业会计准则讲解 2008》《企业会计准则解释第 1 号》《企业会计准则解释第 2 号》《企业会计准则解释第 3 号》及相关文件进行有关会计处理。第 2 类，信息披露涉及内容格式的准则类。有《公开发行证券的公司信息披露内容与格式准则第 2 号——年度报告的内容与格式》（2007 年修订）、《公开发行证券公司信息披露编报规则第 3 号——半年度报告的内容与格式》（2007 年修订）、《公开发行证券公司信息披露编报规则第 13 号——季度报告的内容与格式特别规定》（2007 年修订）、《发行证券的公司信息披露内容与格式准则第 30 号——创业板上市公司年度报告的内容与格式》（2009 年修订）、《证券公司年度报告内容与格式准则》（2008 年修订）、《期货公司年度报告内容与格式准则》（2008 年修订）。第 3 类，信息披露涉及编报规则类。有《公开发行证券公司信息披露编报规则第 9 号——净资产收益率和每股收益的计算及披露》（2007 年修订）、《公开发行证券公司信息披露编报规则第 15 号——财务报告的一般规定》（2007 年修订）、《公开发行证券公司信息披露编报规则第 26 号——商业银行信息披露特别规定》（2008 年修订）。第 4 类，其他规则。有解释性公告：《公开发行证券的公司信息披露解释公告第 1 号——非经常性损益》（2008 年修订）、《企业会计准则解释第 3 号》等。上市规则、年报通知，上海、深圳证券交易所的上市规则，以及财政部、中国证监会发布的年度工作通知等。如《关于做好执行会计准则企业 2008 年年报工作的通知》（财会函〔2008〕60 号文、中国证监会公告〔2008〕48 号）。从以上文件的发行量来看，自 2006 年新会计准则发布实施以来，针对上市公司信息披露修订的准则越来越多，其中尤以 2007 ~ 2008 年为甚。然而上市公司由于害怕企业竞争秘密泄露，或者其他方面的原因，信息披露仍存在很多问题，主要表现为以下几类。

（1）人力资源信息披露不充分。

当前社会处于知识经济时代，人力资源是最主要的经济资源，同时由于人力资源的高流动性及难计量性，目前在我国会计准则中没有涉及人力资源的会计准则。Schultz（1960）发表了“*Capital Formation by Education*”，其在文中首先提出了人力资本投资的经济理论。Hermanson（1964）发表了“*Accounting for Human Assets*”，Hermanson 在该文中最先提出人力资源会计概念。自此人力资源会计理论的研究开始进入系统化、全面化阶段。理论界对于人力资源会计的确认已经达成共识，毫无争议，但如何计量人力资源则引起较大的争议。根据计量方式来区别，普遍把人力资源会计分为两个部分：一是人力资源成本会计，二是人力资源价值会计。从目前会计实务来看，人力资源信息的披露主要以人力资源成本会计的披露为主。而对于人力资源价值会计的披露则由于难以确认群体价值与个人价值而很少涉及。但从实践来看，人力资源价值对于投资者而言更为重要。目前财务信息披露中对于个人素质、个体劳动者潜在创造能力及反映群体价值的企业文化内涵等内容披露不充分。

（2）研发费用披露不充分。

根据《企业会计准则——无形资产准则》要求，企业为了反映当年开发阶段资本化支出的期末余额，则应该在报表项目中设置“开发支出”项目进行披露。而在报表附注中，“无形资产”条目下也应反映无形资产的研发支出金额。除这两部分涉及研发费用的披露外，没有其他准则再对研发费用披露作进一步的规范。从准则层面来看，研发费用的披露缺乏明细层面的约束。从而投资者无法获知上市公司研发开支具体用于何项目，也无法获知该上市公司目前研发已处于何阶段，以及未来应开支多少金额。而且目前我国上市公司关于研发费用的披露主要侧重于财务信息，非财务信息披露较少，在披露中较少涉及研发费用投入可能面临的风险及成功应用后的发展前景等。同时由于我国会计准则只要求上市公司在年度报告中进行研发费用的披露，对中期报告未做明确要求，而研发费用的开支是一个连续的过程，因此这种披露要求的不及时也造成了研发费用开支披露的不充分。

（3）对偿债能力披露不充分。

目前我国上市公司反映偿债能力的指标主要以反映静态状况的资产负债表为基础，财务比率中的流动比率、速动比率、资产负债率等都是静态指标，只反映某个待定时点的静态偿债水平，这种反映形式极易被人为操纵。信息披露者可以利用时点来进行修正，如可以在报告披露这一时点，通过合同运作，资金短期偿还，时点后再借入的方式，轻易规避高债务的状况。因此，静态披露方式不能连续反映企业的偿债状况，且这些指标静态性也隐匿了大量对偿债能力分析非常有用的信息，如应收账款的金额与账龄、存货的结构和变现情况以及逾期债务和金额较大的债务等，这些信息上市公司往往以商业秘密为由不进行披露，致使投资者在进行投资时易被不充分的信息所误导。

（4）关联方关系及其交易披露不充分。

关联交易一直是我国证券市场关注的重点，为规范关联方关系及其交易的披露，中国证监会 1995 年 2 月发布了《年度报告的内容与格式》，就规定上市公司在定期报告中需要披露关联企业。1997 年，财政部颁布了第 1 号具体会计准则《企业会计准则——关联方关系及其交易的披露》。最近几年来，为进一步加强上市公司关联方交易的披露，财政部、中国证监会对关联交易规范不断提出新的要求，如 1999 年 12 月证监会发布的《年度报告的内容与格式》（1999 年修订稿），2000 年财政部发布的《企业会计制度》，2001 年财政部又颁发了《关联方之间出售资产等有关会计处理问题的暂行规定》，2006 年 2 月 15 又发布了《企业会计准则第 36 号——关联方披露》。虽然关联交易的规则不断完善，但是上市公司关联交易披露不规范的现象仍屡见不鲜，上市公司通常以形式掩盖实质，逃避披露。由于目前我国对关联交易处罚缺乏法律层面的支持，当发现企业故意隐藏不报或拒绝披露关联交易信息时，无相应的法律依据和合适的途径加以阻止和进行惩罚。因此有些上市公司借机利用关联交易规则的漏洞导致关联交易披露不充分。主要体现为：第一，关联方关系披露不充分。新会计准则要求关联交易应披露所有关联方关系及其交易类型信息，然而目前我国很多上市公司在披露关联方关系及交易时，却只披露母、子公司的关联交易。而不披露其他关联关系，甚至个别公司在报告中编有合并报表，却在报表附注中声明无关联交易，或不在附注予以说明。第二，交易内容披露不充分。上市公司在披露关联交易时一般仅仅进行一些文字描述性披露，而不涉及实质性的数值性披露。有些上市公司即便披露了这些信息，也未说明其数值是否经过审计、评估，是否按照独立企业的核算原则予以定价等，使投资者很难了解到关联交易的真实情况。根据《企业会计准则第 36 号——关联方披露》，关联交易是不以是否收取价款为基础，只关注于关联方之间是否发生转移资源、劳务和义务的行为。大致对关联交易类型分为 11 种类型。从我国目前上市公司披露的数据来看，主要集中在购、销商品，提供劳务，资产收购，出售及关联债权债务往来业务，其他类型的关联交易涉及较少。如是否担保，关键管理人员报酬信息很少披露。这种关联交易信息残缺的财务报表，势必导致财务报表使用者的误读。第三，关联交易描述晦涩难懂、披露避重就轻。上市公司在披露关联方交易信息时，虽披露了很多关联交易，但一涉及核心的关联方交易往往会不吝笔墨，描述或烦琐复杂，或含糊不清，让投资者难以理解交易实质。上市公司进行关联性交易披露时，避开关联交易与真实市场交易的差异，使信息使用者不清楚此关联交易的利弊，更无从确定关联交易对公司财务状况及经营成果的影响。这种会计信息的模糊披露方式，信息使用者无法做出正确判断，从而使上市公司达到粉饰业绩、转移利润的目的。

（5）上市公司玩弄文字游戏，对使用的披露文字缺乏充分的解释。

目前许多上市公司玩弄文字游戏，经常使用“基本市价、合同价、协议价”等含糊概念来表述定价政策，让信息使用者难以解读其实质价格。有些上市公司惜字如金，会计报表过于简化，附注中有用信息比较少。尤其利润表过于简化，把投资者所关心的经营业绩的回顾和分析、净利润的组成和变化的原因、未来公司的预算以及亏损产生的原因则都忽略或草草几句带过，附注中的信息也较少等。有些上市公司年报则利用文海战术，年报信息披露动辄洋洋万言，把重要会计信息隐埋在浩瀚的字海中，如果企业发生亏损，不从公司自身的营销、管理角度披露详细的原因，而是把大量笔墨集中于行业不景气、新会计制度计提影响等客观因素，公司自身原因甚少涉及。

（6）上市公司借口“商业秘密”，对财务状况信息披露不充分。

最普遍的是不公开存货的结构比例及变现能力，对于大额债务的账龄及金额等予以隐瞒，也不披露报告期主要产品的生产量、销售量、库存量和市场占有率的信息；从而使投资者对投资资金的安全性无从了解。有些上市公司甚至对会计政策、会计方法披露也不充分，其结果不仅使同一上市公司不同会计期间的会计信息缺乏可比性，而且使不同上市公司之间的会计信息缺乏可比性。此外，一些上市公司借此手段来调节利润。目前上市公司对于企业责任报告不充分，毕马威会计师事务所（KPMG）最近开展的有关企业责任报告的一项调查，2007～2008 年，近 80% 全球规模最大的公司发布了企业责任报告，而三年前，这一数字仅为 50%。其中，超过四分之三的公司在报告编制过程中遵循了《全球报告倡议组织（GRI）指引》。这一数字暗示公司在企业责任报告披露中有了很大提高，但调查中还发现大多数公司仍选择另发报告提供 ESG（环境、社会和公司治理）信息，并在公司年报中安排一个单独的章节提供摘要信息。仅有 3% 的公司将企业责任报告完全融入了年报的财务报告中。

（7）会计本身的先天不足，影响财务报告信息披露的充分性。

吴联生（2000）研究发现，中国上市公司应改进或加强在主要指标、分部信息、人力资源信息和财务预测等财务信息上的披露。市场经济的发展及现代企业制度的确立，两权分立情况的出现，上市公司与外部利益相关者之间的沟通主要依靠上市公司披露的信息这一桥梁。在理想状态下，上市公司应披露所有可能引起证券价格变动的信息资料，包括财务信息和非财务信息。然而由于会计确认与计量方面的不足，制约了财务报告信息披露的充分性。由于新经济业务创新层出不穷，而且创新经济业务错综复杂，会计准则的准法律性特征，注定了会计准则规范严重落后于会计实践。从而新的会计实践往往无法在会计上得以确认与计量。创新经济业务数据会计处理无准则可依，最终致使财务报告信息无法确认与计量，导致披露不充分。

2011 年 12 月 30 日，证监会发布了《公开发行证券的公司信息披露内容与格式准则第 2 号——年度报告的内容与格式（2011 年修订）（征求意见稿）》（以下简称《意见稿》），大刀阔斧地对现有的上市公司年报披露准则进行了一系列改革：第一，《意见稿》鼓励上市公司披露对投资者决策有重大影响的信息，如报告期主要产品生产量、销售量、库存量和市场占有率等信息。第二，《意见稿》对市场关注的焦点做了重点规范，其中包括要求披露公司董事、监事等高管的薪酬水平及公司利润分配情况、非经营性资金占用、涉及央企同业竞争的解决方案和公司环保、安全生产等社会责任方面的报告等。第三，《意见稿》突出上市公司治理方面的要求。要求对独立董事的履职情况披露要非常详细，这与原准则中简单几句话带过完全不同，要求单独披露每位独立董事在报告期的履职情况，包括参会次数、方式、提出异议的事项内容和对公司有关建议是否被采纳的说明，还包括独立董事与公司董事、监事等高人员、内审部门和会计师等的沟通情况以及报告期内独立董事发表独立意见的时间、事项及意见类型列表。

3.3　信息披露的有效性分析研究

当然财务信息也不是披露得越多，透明度就越高，或者所列示的财务信息越有用。如何在财务信息的量上取得一个均衡就非常重要，为了衡量一个信息披露的有效性，通常把信息透明度视为衡量一个公司财务报告质量的指标。1998年9月巴塞尔银行监管委员会发布的“增强银行透明度”研究报告中指出：会计信息透明度是指公开披露可靠与及时的信息，其质量特征包括：全面、相关、及时、可靠、可比和重大。Stephen H. Penman（2003）认为盈余的质量应该由依靠财务报告购买未来收益的股东来决定。Katherine Schipper 和 Linda Vincent（2003）进一步延伸这一观点，认为越能提高企业未来前景的决策质量，提高利用这些结果制订投资决策的能力，盈余的质量也就越高。

从当前研究现状来看，信息披露质量的衡量主要分为两类：第一类根据信息披露的质量特征构建评分指标，再通过对上市公司的信息披露打分来衡量上市公司的信息披露总体质量。而对于评分指标的选择有两种方式：一种为采用权威机构的评级指标，另一种则研究者自己建立评分表来进行打分。前一种方式数据由第三方研究评定，质量相对客观，容易被他人接受。后一种方式数据由研究者根据自己主观意愿建立评分表，其设计的公正性及可信度易受到质疑。第二类则专门构造指标对盈余披露质量进行衡量。Bhattacharya、Daouk 和 Welker（2002）利用收益不透明度（carning opacity）[①] 作为盈余披露质量的衡量指标，如果高透明度则意味着投资者能根据公司所提供的财务信息准确了解公司的财务状况、经营成果、现金流量情况及风险程度。透明度的计量一般采用收益激进度（earnings aggressiveness）[②]、损失规避度（loss avoidance）和收益平滑度（earnings smoothing）[③] 三个指标以及三个指标的加总，来衡量国家或企业的收益不透明度。其中损失规避度是对一个国家所有上市公司进行的整体衡量，并不适用于

① 收益不透明度（earning opacity）是反映公司财务报表和公司真实收益的配比程度（Bhattacharya，Daouk and Welker，2002）。

② 盈余激进度是上市公司推迟确认损失（费用）和加速确认收入的倾向，其结果是增加应计利润。

③ 盈余平滑度是一定期间内上市公司盈余和现金流的相关程度。

衡量单个公司。因此本书主要采用收益激进度与收益平滑度来进行分析研究。上市公司信息披露的有效性。

3.3.1 研究设计

收益激进度与收益平滑度的计算都涉及一个变量，即应计项目的计量问题，目前理论研究中计算应计项目共有两种方式：一种是利润—现金流量表法，另一种是资产负债表法，利用利润—现金流量表法的计算公式为：

$$AC_{k,t} = EARN_{k,t} - CFO_{k,t} \tag{3-2}$$

其中，$AC_{k,t}$：应计项目；

$EARN_{k,t}$：盈余收益；

$CFO_{k,t}$：来自经营活动的现金流量。

而利用资产负债表法则为：

$$AC_{k,t} = (\Delta CUAS - \Delta CASH - \Delta SHIV - \Delta LOIVO) - (\Delta CULI - \Delta SHBO - \Delta ACST - \Delta LOBOO) - (DEP + AMO) \tag{3-3}$$

其中：

ΔCUAS：代表流动资产在时点 t 与时点 t - 1 之间的变化额；

ΔCASH：代表现金在时点 t 与时点 t - 1 之间的变化额；

ΔSHIV：代表短期投资在时点 t 与时点 t - 1 之间的变化额；

ΔLOIVO：代表一年内到期的长期投资在时点 t 与时点 t - 1 之间的变化额；

ΔCULI：代表流动负债在时点 t 与时点 t - 1 之间的变化额；

ΔSHBO：代表短期借款在时点 t 与时点 t - 1 之间的变化额；

ΔACST：代表应计股利在时点 t 与时点 t - 1 之间的变化额；

ΔLOBOO：代表一年内到期的长期负债在时点 t 与时点 t - 1 之间的变化额；

DEP：代表累计折旧；

AMO：代表摊销费用。

由于我国自 1998 年开始就要求企业披露现金流量表，因此采用利润—现金流量表法来计算应计项目金额更为方便。本书中的应计项目的计算就采用第一种方法。收益激进度表示为 $EA_{k,t}$，本书中定义的收益激进度为公司当年应计项目与公司上年总资产的比值，即：

$$EA_{k,t} = \frac{AC_{k,t}}{TASSET_{k,t-1}} \tag{3-4}$$

本公式定义的收益平滑度为该年度每家公司应计项目的变化与相应该年现金流的变化的截面数据的相关系数，其中的两项变化均为实际变化量与前一年总资产的比值。即：

$$ES_t = Corr\left(\frac{\Delta AC_{k,t}}{TASSET_{k,t-1}}, \frac{\Delta CASH}{TASSET_{k,t-1}}\right) \tag{3-5}$$

3.3.2 实证研究

杨之曙、彭倩（2004）的研究发现，我国上市公司自 1994～2002 年，总的收益激进度呈现下降趋势，而同期总的收益平滑度呈现上升趋势，并且收益激进度在 1999 年后就处于负值运行，从而判断我国上市公司的财务信息披露的有效性有所提高。结合表 3－9 和图 3－2 可以看出，利用 2003～2010 年的数据进行研究，发现所有上市公司在 2007 年及 2010 年收益激进度最低，2007 年为 0.00529，2010 年为－0.00961，同时自 2007 年后上市公司收益激进度相对 2007 年前有所下降。我国自 2007 年 1 月 1 日正式实施新企业会计准则，新准则减少了会计估计和会计政策的选择范围，相应地也压缩了企业调节利润的空间，从而反映上市公司利用总应计项目来加快确认收益或损失的程度有所收敛。同时从表 3－9 和图 3－2 还可以看出，上证所上市公司的收益激进度普遍小于深交所上市公司的收益激进度，自 2004 年 6 月起，中小板正式在深交所落户。中小企业板的上市公司相对于主板市场的上市公司，具有规模小、流动性大及系统风险高等特点。同时企业的制度完善度不及主板市场的上市公司，因此相应的深交所上市公司的收益激进度要高于上证所。

表3－9　上市公司收益激进度一览表（按上市地划分）

年度	2003	2004	2005	2006	2007	2008	2009	2010
所有上市公司	0.02541	0.02756	0.03959	0.03183	0.00529	0.01419	0.02192	(0.00961)
上证所	0.02512	0.02331	0.04194	0.03418	0.01474	0.02722	0.03532	0.0042069
深交所	0.02578	0.03441	0.03668	0.02637	(0.00505)	0.00285	0.01230	(0.02415)

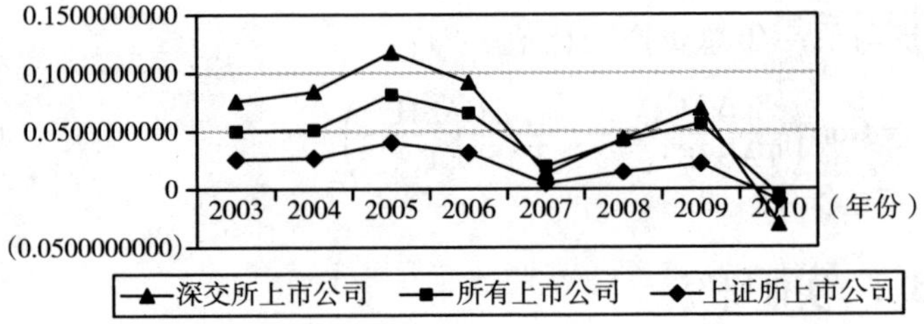

图3－2　上市公司收益激进度一览表（按上市地划分）

从表3－10及图3－3可以看出，如果剔除ST类上市公司，可以发现其余上市公司的收益激进度有较大幅度的下降，ST类上市公司的收益激进度较高，ST上市公司对于收益的操纵度较高，而且操纵的意愿较强。ST上市公司收益激进度与非ST上市公司收益激进度差距最大的年份为2008年，ST上市公司的收益激进度为0.0112218000，而非ST上市公司收益激进度为0.0681157000，两者相差六倍多。

表3－10　上市公司收益激进度一览表（按上市公司类型划分）

年度	2003	2004	2005	2006	2007	2008	2009	2010
非ST类上市公司	0.0253669000	0.0263929000	0.0375116400	0.0298602000	0.0041285000	0.0112218000	0.0193874000	0.0116210000
ST类上市公司	0.0270300000	0.0423320000	0.0707900000	0.0622270000	0.0207100000	0.0681157000	0.0796445000	0.0177310000

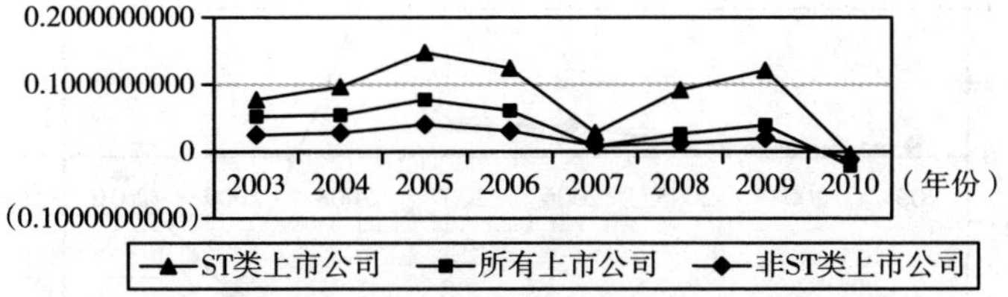

图 3-3　上市公司收益激进度图（按上市公司类型划分）

从表 3-11 和图 3-4 可以看出，上市公司的收益平滑度自 2003～2008 年一直处于上升阶段，意味着上市公司真实收益与账面收益的偏离程度越来越小，但上市公司在 2009 年后收益平滑度突然大幅下降，2008 年是中国经济出现回落的拐点，2008 年以前中国经济一直处于高速增长阶段，因此上市公司处于一个繁荣发展的市场环境中。但自 2008 年开始，全球性金融危机导致中国经济也开始走入下降阶段，上市公司的生存环境开始恶化。2008 年中国成功举办了奥运会，中央政府制定了“4 万亿”的经济刺激计划，在奥运经济和大笔资金注入的刺激下，虽然出现了全球性金融危机，但中国仍一枝独秀，尤其是前三个季度，经济增长非常迅猛，2008 年 GDP 增速仍达到了 9%，与世界各国横向比较，是一个比较高的速度。然而进入 2009 年，由于全球金融危机被前面两大事件所延滞，在缺少相应刺激的情况下，GDP 的增速在 2009 年第 1 季度跌到 6.1% 的低谷。在此经济低迷的状态下，上市公司的经济环境被严重影响，因此出现了收益平滑度大幅下降，可以推断，企业在 2009 年利用应计项目来调整收益的现象增加了。因此，2009 年后收益平滑度明显降低，2010 年全球经济开始出现缓慢复苏，中国经济也开始保持了稳定增长的势头，增速开始慢慢恢复，因此收益平滑度也相应地由 -0.93657 增长为 -0.13868。

表 3-11　　　　上市公司收益平滑度一览表

年份	2003	2004	2005	2006	2007	2008	2009	2010
收益平滑度	0.07992	0.05022	0.07993	0.21	0.20367	0.73619	-0.93657	-0.13868

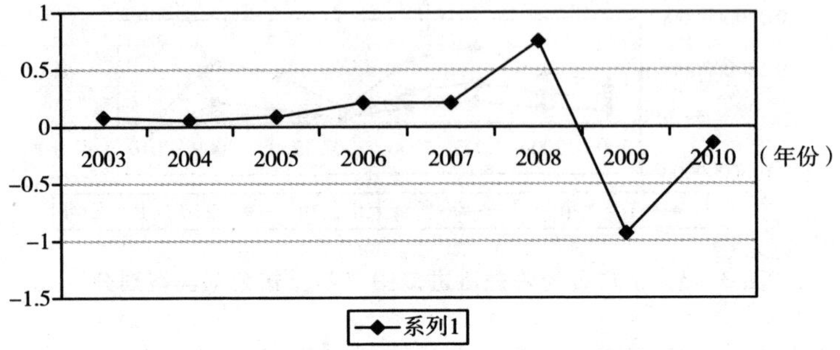

图 3－4　上市公司收益平滑度

从表 3－12、图 3－5 和图 3－6 可以看出，由于深交所 2004 年引入中小板，2009 年引入创业板，而这两小板市场的上市公司相应资产规模比较小，企业的制度相对于主板市场的上市公司不够完善，因此存在股票价格波动性大、风险大的特点。对于上市公司信息披露的内容反映比较强烈，从图 3－5 可以看出，深交所上市公司在市场环境发生变化时，其收益平滑度的变化比上证所的上市公司要强烈得多，最大波幅达到 1.7%，而上证所上市公司收益平滑度最大波幅仅为 0.74%，因此可以得出资产的规模影响着上市公司收益平滑度，即上市公司规模及其成熟度与收益平滑度成正比。从图 3－6 及表 3－12 也可以看出，非 ST 公司的收益平滑度其波动幅度远小于 ST 公司收益平滑度的波动幅度，从表 3－12 还可以看出，ST 公司收益平滑度的最大波动幅度为 1.75%。而非 ST 公司最大波动幅度为 0.48%。因此，可以得出结论，非 ST 公司操纵应计项目调控利润的程度要低于 ST 公司。

表 3－12　　分类上市公司收益平滑度一览表

年份	2003	2004	2005	2006	2007	2008	2009	2010
上海	0.06403	0.06482	0.12656	0.20054	0.13708	－0.01977	0.09938	0.84127
深圳	0.10764	0.02797	0.0274	0.23663	0.25673	0.80099	－0.97516	－0.44959
ST	0.08946	0.04366	0.06905	0.22223	0.21184	0.81437	－0.93931	－0.73487
非 ST	－0.00984	0.10728	0.23517	0.0582	0.11701	－0.46919	0.02154	0.44533

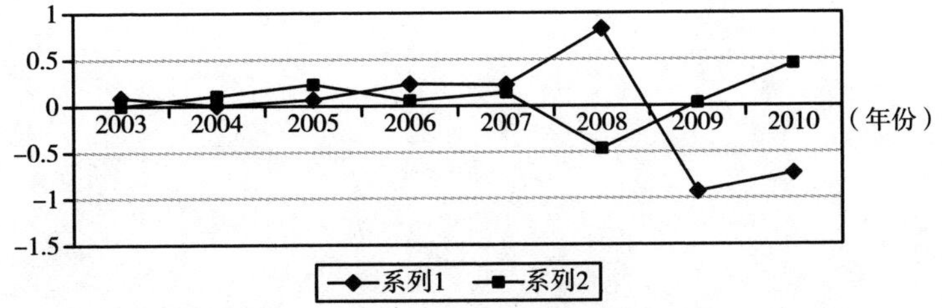

图 3-5　上市公司收益平滑度图（按上市地分类）

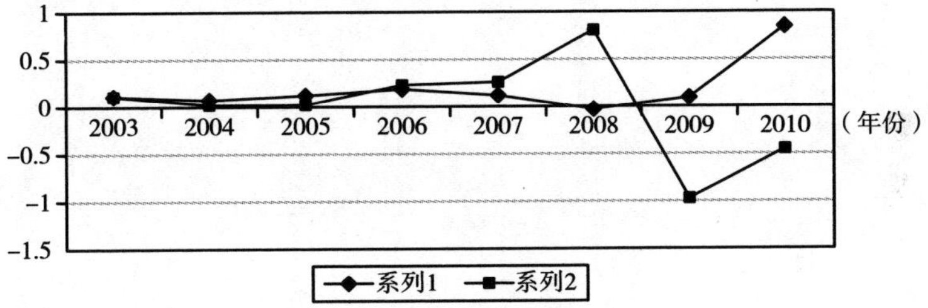

图 3-6　上市公司收益平滑度图（按是否 ST 分类）

3.3.3 研究结论

从以上分析可以看出，我国上市公司收益激进度由于新企业会计准则的实施，上市公司利用会计估计或会计政策进行选择的空间有所压制，意味上市公司披露的财务信息的有效性有所提高。但同时由于新企业会计准则中引入了公允价值等相关概念，这又相应扩大了会计人员的自由裁量权，判断空间相应加大，因此对比与以前研究者的收益激进度值，目前我国上市公司的收益激进度值还相对处于高值空间。因此，还应加大研究以降低收益激进度。在分析中还发现，上证所的上市公司的收益平滑度相对深交所上市公司的收益平滑度要低，以及非 ST 类上市公司的收益平滑度比 ST 上市公司的收益平滑度低，说明上市公司的规模与成熟度对于会计披露信息有效性有极大的稳定效果。因此，在研究会计信息披露有效性时，要加大对特殊处理上市公司的信息披露研究。

信息套利环境下的
XBRL研究
Chapter 4

第4章　信息披露基础上引发的信息套利研究

4.1　信息套利的概述

《证券法》第五条规定："禁止欺诈、内幕交易和操纵证券市场的行为"，第七十三条规定："禁止证券交易内幕信息的知情人和非法获取内幕信息的人利用内幕信息从事证券交易活动"。《中华人民共和国刑法》第一百八十条、第一百八十二条对内幕交易、利用信息优势操纵证券交易价格等行为的量刑和处罚作出了明确规定。2010年1～10月，证监会共受理内幕交易线索114件，立案调查内幕交易案件42起，因内幕交易对16名个人、2家机构做出行政处罚，将15起涉嫌内幕交易犯罪案件移送公安机关。9月6日，证监会通报了景顺长城基金管理有限公司原基金经理涂某被取消基金从业资格，除没收违法所得外，另罚款200万元，并终身禁入市场。长城基金管理有限公司原基金经理刘某被取消基金从业资格，没收违法所得外罚款50万元，并罚三年禁入市场。而长城基金管理有限公司原基金经理韩某则被依法移送公安机关追究刑事责任。并于11月16日国务院办公厅转发了中证监、公安部、监察部、国资委、预防腐败局《关于依法打击和防控资本市场内幕交易意见》的通知，这一方面说明资本市场内幕交易的危害性已引起高层的严重关注；另一方面也说明内幕交易大有泛滥成灾之势，其涉及面之广，必须由多部门联手进行打击。

信息套利（information arbitrage）是一个比较新的词汇，但并不是一个新兴现象，自人类社会出现时就一直存在，在人类社会初期，人为了生存，必须猎杀动物或寻找食物以求生存，这时，谁在信息上占优谁就能获得最大利益，猎取更多的猎物或找到更丰盛的食物，从而得以生存下来。正因为信息套利一直就存在，并且体现在各个方面，包括经济、军事、文化等各个领域，所以大家都习以为常，反而没有引起大家的关注。但随着经济和信息技术的发展，资本市场逐渐壮大，信息的作用越来越大，而且信息创造财富的速度越来越快，套利的力度越来越惊人。因此对信息套利的研究也越来越引起专家学者的重视。那么什么是信息套利呢？美国作家托马斯·弗里德曼在他的著作《世界是平的》中讲了一个“信息套利”的市场熟语。弗里德曼认为从技术上讲，信息套利就是在同一时间内，在不同的市场上，利用价格差价和信息差异对同一证券、商品或货币买进或卖出而获得利润。本书的信息套利与我们平时所说的套利既相似又有所区别，我们一般理论上的套利是指试图利用不同市场或不同形式的同类或相似金融产品的价格差异谋利。本书所说的信息套利不是利用金融产品，而是利用信息。简单而言，信息套利就是利用信息上的差异谋取利润。具体而言，就是信息使用者利用信息加工能力或信息获取的时间、内容或质量上的不同从而产生一个创新的竞争优势，从而谋取利益的行为。信息套利分为两种类型：一类是利用获取信息的时间、内容和质量上的差异进行套利，也就是我们通常意义上讲的内幕交易套利，本书的内幕交易范畴要大于理论界和实务界上所说的内幕交易，通常意义上的内幕交易主要指根据内幕信息买卖证券或者向他人提出买卖证券建议的行为。一般内幕人员是指由于持有发行人的证券，在发行人或与发行人有密切关系的公司中担任董事、监事、高级管理等职位的人员，或者由于其会员地位、管理地位、监管地位和职业地位，作为发行人雇员、专业顾问履行职务，能够接触或者获得内幕信息的人员。本书所说的内幕人员还包括一些重大国家政策、行业政策的制定者，他们同样具有信息套利的可行性，应该予以重视。另一类是知识套利，也就是通过对国家宏观经济数据、行业数据或上市公司发布的数据进行分析加工，从而创造信息优势，进而套取利润。其主体主要是投资机构、研究机构、研究团队或个人，他们利用各种经济指标、技术模型对资本市场数据进行分析和挖掘。从中挖掘出隐藏信息，再通过投资决策，达到获利的目的。这一类的套利在资本市场的初级阶段，由于投资者投资积极性不高、投资不活跃的情况下，凭借信息加工能力上的优势进行套利的行为起到了积极的作用，可以消除信息不对称而造成的市场误判的现象。通过吸引一些专业人士从事信息提取、分析工作，发现错误定价的股票进行买卖操作，体现股票的价值，逐渐消除信息上的不对称现象，促进金融市场的发展。但随着资本市场的发展和完善，资本市场就应该返璞归真。有人提出中国的资本市场就是一个赌场，这话当然有点过激，但资本市场确实不应该成为套利的场所，资本市场只是一个筹集资金、转嫁风险的场所。所有流入资本市场的货币本身地位就是平等的，持币者手中的货币是等值的，不等值的是各个货币的持有者的消费时间观及风险观。理论界用消费时间、个人偏好和风险承担能力不同，用时间观、风险观来掩盖货币的不平等，可仔细一想，大股东投入企业的资金与小散户投入企业的资金从投资者个人的角度来看，他们的偏好都是一样的。但由于他们信息加工能力上的不足，本身就注定他们持有的货币在投资之前不等值。有人也许会说他们可以把钱交给基金管理公司或投资机构去运作资金，可再一想，委托理财就存在有代理成本。信息加工能力已经进行了套利。因此以上两种情况下信息优势者都将利用信息进行套利。对于前一种行为，我们国家已经制定了专门的法律，并引起了相关部门及学者的重视，而对于后一行为，却重视不够。当股权过度集中时，将可能产生利益侵占效应，即控股股东与管理层合谋，利用不公开披露的内幕消息，共同侵蚀中小股东的权益。控股股东为了自身利益有着强烈的动机进行信息披露违规行为以掩盖其对中小股东利益的侵占。

从企业内幕信息披露的结构上来看，可以分为四个层次：宏观政策制定者层、企业决策管理层、中介机构层和中小投资者层。第一，宏观政策制定层。宏观政策制定者从整个国家及行业的角度制定经济政策，因此他们能第一时间获知影响上市公司的系统性影响因素，从系统上把握上市公司的信息。第二，管理者层。直接参与到企业的经营管理中的管理者及其相关人，该层面涉及的人员是企业私有信息的最早接触者，是私有信息内幕交易第一层节点。根据我国财务报告信息披露管理制度规定，管理者是指能够直接接触内幕信息的人，包括公司管理人员及为公司提供服务的、与公司有密切关系的外部人。相关人指不能直接接触内幕信息，但能从基本内幕人或其他人处获取内幕信息的人。管理层及其相关人主要是指法规中在基本内幕人和第二内幕人。第三，中介机构层。有实力的中介机构（如证券公司、投资基金、境内外投行）是私有信息内幕交易的第三层节点。他们利用经营特许权或资产主体所附着的权力优势和项目运作中优先获得信息的优势，对公司正进行的运作项目有着天然的知情权优势，了解公司因资产运作而带来的后果。投资基金的内幕交易和利益输送行为也极为普遍，是在证券市场上进行内幕交易的主要成员之一。该层次的投资者不但被动地优先知晓公司披露的私有信息，而且他们还可以利用其充沛的资金，主动地左右公司私有信息的披露。鲁桂华（2005）通过参考国外研究者关于股票股利动机（ROSS，1977；Leland and Pyle，1977；Woolridge，1983；Baker and Gallagher，1980；Sussman，1962）的研究。对中国股票市场上普遍存在的股票股利现象及其背后的动机进行了研究，发现中国股票市场较为普遍地存在庄家利用资金与信息优势操纵股票价格的现象。并对股利分配政策进一步研究分析，发现股利分配政策本是上市公司对盈利进行分配或留存用于再投资的决策问题，是由上市公司来制定的，但由于有庄家的存在，他们能影响甚至决定企业的股利分配政策，并利用这信息优势进行套利。第四，中小投资者以及大多数最需要保护的市场弱势群体—中小散户，该层人员处于私有信息的最底层，只能被动地接受各种已被前三层人员咀嚼过的信息，成为资本市场的被“忽悠”的对象和被拥有特权的利益集团摄取不当利益的牺牲者。

4.2 信息套利的经济学理论——代理人理论分析

自20世纪30年代美国国会授权证券交易委员会（SEC）对财务报告进行管制以来，在美国股票市场公开上市交易公司的财务报告就一直受到管制。但是反对管制的观点时有发生，反对者基于代理理论、信号理论和资本市场的竞争性解释了企业自愿在更大范围内向资本市场报告企业信息的原因。代理理论认为，在所有者和经理层之间存在冲突时，财务报告可以对这些冲突在某种程度上起到缓解作用。例行的财务报告是所有者监督与经理层订立的雇佣合同执行情况的一种手段，经理层通过财务报告向所有者报告了受托责任或经营责任。同时，可靠的财务报告能使代理监督成本最小化。由于经理人员的评价和奖励至少部分地依赖于财务报告这一客观事实，财务报告可靠，自然就会提升经理人员的声誉，而好的声誉会给经理人员带来高的报酬，如果财务报告可靠，那么代理监督成本就会被降低。信号传递理论则解释了为什么企业没有强制性报告要求，企业也会自愿向资本市场进行报告的动机。企业相互争夺稀缺的风险资本，为了在风险资本市场上竞争取得成功。自愿进行信息披露是很有必要的。业绩良好的企业有强烈的动机去报告其经营成果，保持沉默（或不报告）被认为是一种坏消息。良好的财务报告可以降低企业的资本成本。由于知情者（企业等）和局外人（投资者等）之间存在信息不对称，知情者对企业及其未来前景的信息要比局外人了解得多。鉴于信息的不确定性，局外人会通过对企业较低的出价来保护自己。但是如果知情人自愿披露报告（或以信号指明），那么就能减少局外人对企业未来前景不确定性的担忧，企业的价值就会被提升。

然而从公众利益角度出发，则发现市场管制是合理的。通常有两个理由来捍卫对市场的管制：第一个理由是自由市场体制存在“失灵”的可能性，从而造成资源的次优配置；第二个理由是自由市场可能会背离社会的目标，如自由市场没有向证券市场传递足够的信息，从而造成了经理人和其他内部知情者掌握了股东们没有掌握的信息。由于企业是企业财务信息的独家提供者，财务报告生产者处于垄断地位。由于企业是信息的垄断者，有关企业自身信息的生产是具有规模经济的，可是，作为一个财务信息的垄断生产者，企业可能对会计信息的生产不足（报告不足）并以此索取垄断价格。

Healy 和 Palepu（2001）指出，投资者在向企业投资前面临不了解投资价值大小的“信息问题”（information problem），而在向企业投资后又面临不了解企业管理层是否最大化股东权益的“代理问题”（agency problem）。信息问题和代理问题阻碍了资本市场资源的有效配置，而信息披露在缓解这些问题上能起到十分重要的作用。委托代理关系产生于 20 世纪 60 年代末 70 年代初，由于避开企业“黑箱”理论，经济学家开始深入研究关于企业内部信息不对称及其衍生出来的激励问题。它包括交易成本理论和委托代理理论。最早论述委托代理理论的是亚当·斯密，他提出：“在钱财的处理上，股份公司的董事为他人尽力，而私人、合伙公司的伙伴则纯粹为自己打算。所以要想使股份公司的董事们监管钱财用途，像私人、合伙伙伴那样用意周到是很难做到的。疏忽与浪费，常为股份公司业务经营上多少难免的弊端。”伯利和米恩斯在《现代公司与私有财产》中从理论而非实证的角度得出职业型的公司经理多半是无法控制的代理人。詹森和麦克林在《企业理论：经理行为、代理成本和所有权结构》中为委托代理理论的研究方法正式定型。K. 阿罗则将委托代理问题区分为契约后的道德风险和契约前的逆向选择。詹姆森·莫里斯则从信息的角度分析得出经济上的任何涉及非对称信息的交易，交易中具有信息优势的一方为代理人，信息劣势的一方为委托人。这种区分背后隐藏的假设是代理人的私人信息影响不知情的委托人的利益，委托人却承担风险。从而表明非对称信息问题与委托代理是等价问题。法玛和詹森则从解决委托代理问题角度分析，在企业的所有权与控制权分离情况下，将企业决策管理与决策控制分开，能限制决策代理人侵蚀股东利益的可能性。从以上研究可以看出，委托代理问题的存在是导致上市公司存在信息套利的基础。

4.3 我国信息套利现状的实证研究

4.3.1 基于信息套利研究的理论基础

本章实证分析借鉴 Roll（1988）的分析框架，用 Roll 的经典文献“R^2”来度量局内人的信息套利行为。R^2 是统计学上一个关于线性回归模型拟合度的度量指标，R^2 越大，表明线性回归模型对实证数据拟合程度越高，模型的解释能力就越强；反之亦然。CAPM 是一个基于预期的无套利的均衡理论模型，然而预期变量不可观测，实证中将预期变量处理为可观测的现实值与残差项的组合，根据 CAPM 理论市场模型：$E(r_{i,t})-r_{f,t}=\beta_i(E(r_{m,t}-r_{f,t})$。其中，$r_{m,t}$是 t 期的市场报酬率；$r_{i,t}$是 i 公司在第 t 期的报酬率。$\alpha_i$ 和 β_i 为估计参数。得到：$E(r_{i,t})=\beta_i Er_{m,t}+(1-\beta_i)r_{f,t}$，由于预期变量具有不可测性，实证中将预期变量用可观测的现实值与残差项来进行取代：$E(r_{i,t})=r_{i,t}+e_{i,t}\sim N(0,\sigma^2)$，其中 $e_{i,t}\sim N(0,\sigma^2)$，即 iid，最后令$(1-\beta_i)r_{f,t}=\alpha_i$，从而得到实证中的单因素市场模型：$r_{j,t}=\alpha_j+\beta_j r_{m,t}+e_{j,t}$，其中 $r_{m,t}$代表系统性信息，在市场模型中一般使用大盘指数收益率来表示，而 $e_{j,t}$代表公司特质信息。根据该模型可以推算出：

$$R^2=1-\left(\frac{s^2(e)}{s^2(r)}\right)=1-\left(\frac{s^2(e)}{\beta^2 s^2(r_m)+s^2(e)}\right)=\frac{\beta^2 s^2(r_m)}{\beta^2 s^2(r_m)+s^2(e)} \tag{4-1}$$

其中，$s^2(e)$表示绝对公司特质收益率的波动，$\frac{\beta^2 s^2(r_m)}{\beta^2 s^2(r_m)+s^2(e)}$表示相对的公司特质收益率波动。

4.3.2　基于信息披露的套利实证分析

4.3.2.1　样本的选择

（1）样本范围：2003 年 1 月至 2010 年 12 月上海证券交易所（以后简称上证所）和深圳证券交易所（以后简称深交所）的所有上市公司（含创业板上市公司）、开放式基金以及上证指数的月度报酬率数据。

（2）样本选择：通过对 2003 ~ 2010 年所有数据进行分析，考虑数据选取的全面性，由于深圳成指回报率的数据在 CCER 数据库中不完善，因而把深圳成指予以剔除。只选取了上证指数作为大盘指数的替代变量。

（3）数据来源：北京色诺芬信息有限公司 CCER（北京大学中国经济研究中心）数据库，国泰君安数据库，WIND 数据库，中国证监会、上证所及深交所的网站的相关数据资料。

4.3.2.2　假设设定

假设 H4 - 1：我国资本市场可能存在信息套利行为。

根据信息套利的定义，我们知道我国目前的资本市场还存在很多需要完善的地方，内幕交易现象还比较严重，上市公司违法违规现象还时有发生，大量散户包括很多机构投资者在信息挖掘和解读信息的能力上还亟待进一步提高，在这种情况下，私有信息套利的现象还将持续一段时间。完全真实反映股票市场价值是不可能存在的，那只是在一种理想的、完全有效的市场才有可能存在。自 2004 年，我国共查处“杭萧钢构”案、“广发证券”案，“上海祖龙”案、“天山纺织”案等内幕交易、泄露内幕信息大案涉案金额超 45 亿元，查实非法获利高达 22 亿余元，抓获疑犯 90 余名，挽回经济损失超过 12 亿元。因此可以假定我国上市公司的拟合优度应该也是比较低，信息套利在资本市场是存在的。

假设 H4 -2：新会计准则实施后，财务信息披露的质量将会有所提高，从而企业凭借特质信息获取的收益率相对减少，更能用系统性因素来解释。

自 2007 年起新会计准则开始执行后，监管机构对会计信息披露监管的力度有所加强，高密度地出台了一系列法律法规规范上市公司的会计信息披露。其中与上市公司年度报告编制、披露相关的规定有：上市公司需要按照财政部发布的《企业会计准则 2006》《企业会计准则指南 2006》《企业会计准则讲解 2008》《企业会计准则解释第 1 号》《企业会计准则解释第 2 号》《企业会计准则解释第 3 号》及相关文件。涉及信息披露内容格式的准则有《公开发行证券的公司信息披露内容与格式准则第 2 号——年度报告的内容与格式》（2007 年修订）、《公开发行证券公司信息披露编报规则第 3 号——半年度报告的内容与格式》（2007 年修订）、《公开发行证券公司信息披露编报规则第 13 号——季度报告的内容与格式特别规定》（2007 年修订）、《发行证券的公司信息披露内容与格式准则第 30 号——创业板上市公司年度报告的内容与格式》（2009 年修订）、《证券公司年度报告内容与格式准则》（2008 年修订）、《期货公司年度报告内容与格式准则》（2008 年修订）；涉及信息披露编报规则的有《公开发行证券公司信息披露编报规则第 9 号——净资产收益率和每股收益的计算及披露》（2007 年修订）、《公开发行证券公司信息披露编报规则第 15 号——财务报告的一般规定》（2007 年修订）、《公开发行证券公司信息披露编报规则第 26 号——商业银行信息披露特别规定》（2008 年修订）。其他规则有：解释性公告：《公开发行证券的公司信息披露解释公告第 1 号——非经常性损益》（2008 年修订）、《企业会计准则解释第 3 号》等。上市规则、年报通知，上海、深圳证券交易所的上市规则，以及财政部、中国证监会发布的年度工作通知等。如《关于做好执行会计准则企业 2008 年年报工作的通知》（财会函〔2008〕60 号、中国证监会公告〔2008〕48 号）。从文件规则发行的时间可以看出，2007 年、2008 年度财务部及相关监管机构对会计信息的披露要求越来越重视，从而上市公司在披露时也相应注重了质量上的控制。从国泰君安数据库下载上市公司违法违规数据库收集到 2003 ~ 2010 年的关于上证所和深交所上市公司违法违规的数据如表 4 - 1 所示。

表 4 - 1　　2003 ~ 2010 年上证所、深交所上市公司违法违规数据统计

单位：个

年度	2003	2004	2005	2006	2007	2008	2009	2010
违规上市公司个数	118	127	100	82	109	78	59	17

从图 4 - 1 也可以看出，上市公司的违法违规行为的数量在 2007 年后急剧减少，尤其是 2007 ~ 2008 年。图形形成了一个类似“ \ ”形，因此假设 2007 年后由于会计信息披露质量有较大提高，对应企业的私有特质信息有所收敛，因此得出假设 2007 年后上市公司与大盘收益之间的 R^2 应该相对以前年度有所提高。

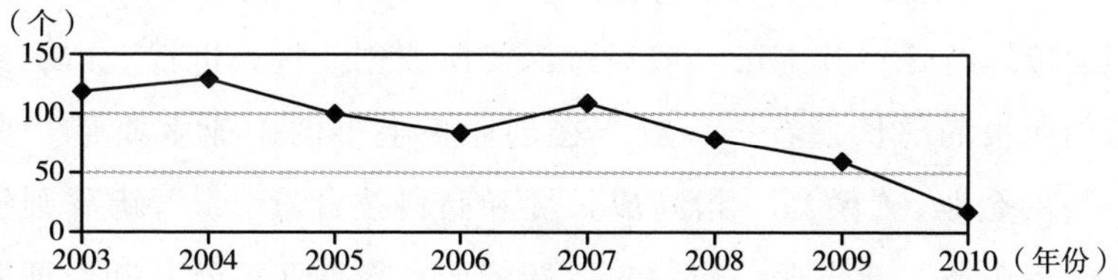

图 4 - 1　上市公司违法违规行为数量

假设 H4 - 3：新兴行业信息套利的潜在可能性大于传统行业。

假设 H4 - 3a：深交所上市公司信息套利的潜在可能性大于上证所上市公司信息套利的潜在可能性。

虽然两个交易所都是证券交易的二级市场，但相对来说上证所以大蓝筹居多，大蓝筹主要涉及国民经济支柱企业、重点企业、基础行业企业，这些企业相对市场比较成熟，私有套利信息相对较少。而深证以中小盘的居多，深交所主要以建设中国多层次资本市场体系为使命，全力支持中国中小企业发展，推进自主创新国家战略实施。2004 年 5 月，中小企业板正式推出；2006 年 1 月，中关村科技园区非上市公司股份报价转让开始试点；2009 年 10 月，创业板正式启动。因此深交所是以主板、中小企业板、创业板以及非上市公司股份报价转让系统协调发展的多层次资本市场体系架构。由于成熟企业其收益相对透明，收益也相对平稳，因此其所具有的特质信息相对有限。而中小企业及创业企业，其市场相对不成熟，企业共有信息相对较少，从而特质信息相对于其收益显得更为重要，因此可以假设深交所上市公司信息套利的潜在可能性大于上证所上市公司信息套利的潜在可能性。

假设 H4 - 3b　创业板上市公司信息套利的潜在可能性大于上证所上市公司信息套利的可能性。

新兴行业主要是指医药生物、新能源、信息技术和新材料行业，因为这些行业涉及的会计处理相对复杂，有些会计处理准则还极须完善，新会计业务处理的政策选择性比较大，甚至有些新的业务没有具体的规范予以约束，同时市场对这些行业处于一种好奇和追逐的状态，所以相对披露出来的会计信息质量比较低。这些行业由于不同于我们的传统行业，其上市一般通过深交所或创业板来进行上市，而从我国创业板的现状来看，一般能在创业板上市的企业主要是“两高六新”的企业，“两高”指高成长性和高科技含量，“六新”则指新经济、新服务、新农业、新材料、新能源和新商业模式。随后证监会又明确了保荐机构应当重点推荐的九大领域，分别是新能源、新材料、信息、生物与新医药、节能环保、航空航天、海洋、先进制造、高技术服务等。由于这些原因的存在，从而创业板伴随出现高毛利率、高净资产收益率、高营业收入、高市盈率、高发行价、高额超募资金、高波动性、高换手率等“八高”现象，“八高”现象纠缠着创业板的发展，因而就此假设创业板企业的收益率应该远远偏离市场报酬率，而更多地表现出公司特有特质，从而具有更大的信息套利机会。

假设 H4－4：知识套利在资本市场存在。

基金公司的发起人一般是投资银行、投资咨询公司、经纪商行或保险公司。基金公司一般都设有专门的投资分析部门，投资分析部积聚大量各行业专业投资分析人才，对信息进行细化加工处理。同时，由于基金公司拥有大量资金和大量的人力，投资时频繁的实地“调研”活动，对获取的信息进行再加工处理，因而其在信息加工流程和加工深度上具有得天独厚的优势。同时基金公司投资风格相对比较稳健，因而假设基金公司更能把握市场的大盘走势，与大盘收益的相关联度更大，从而间接地说明信息加工优势是能够在资本市场进行套利。

4.3.2.3　研究分析

（1）从图 4－7 和表 4－2 来看，我国上市公司的 R^2 普遍较低，上证所上市公司收益对大盘收益的 R^2 主要集中在［0.3，0.6］，其平均为 0.3847，深交所上市公司收益对大盘收益的 R^2 主要集中在［0.03，0.12］和［0.24，0.54］区间，尤其以［0.03，0.12］区间更为集中，其平均为 0.2685。在剔除创业板上市公司后其平均值略有上升，上升至 0.2787。Roll（1988）设计 R^2 时用到的是调整后的 R^2，得到的结果是 Adjusted R^2 月度平均为 0.35，日平均为 0.2。如果把 R^2 相对较高的上证所进行调整，计算其 Adjusted R^2，可以得到其月平均 R^2 为 0.242，这一平均值比 Roll（1988）得到的 R^2 还要低，因此可以推断得到，中国资本市场私有信息套利现象还是比较严重，从而假设 H4－1 成立。同时，通过比较上证所上市公司收益对大盘收益的 R^2 均值与深交所上市公司收益对大盘收益的 R^2 均值，可以发现前者是 0.3847，而后者是 0.2685，即使剔除掉创业板上市公司的影响，其值仅为 0.2787，前者仍远大于后者。由此可以推断深交所上市公司信息套利的潜在可能性大于上证所上市公司信息套利的潜在可能性，从而假设 H4 - 3a 成立。

（2）从图 4 - 2、图 4 - 5 和表 4 - 2 来看。2003 ~ 2006 年，上证所上市公司的平均 R^2 为 0.242，其 R^2 值主要集中在［0.04，0.4］区间，明显低于 2007 ~ 2010 年上证所上市公司的月平均 R^2（0.3847），这说明自 2006 年新会计准则的发布，监管机构加大对上市公司信息披露的监管，扩大上市公司信息披露的内涵，从而把一些以前上市公司的特质信息转化为公共信息，从而使上市公司的信息套利空间得到压缩。使上市公司的股价收益更吻合于市场收益，从而 R^2 得以提升，验证了假设 H4 - 2。

（3）从图 4 - 5、图 4 - 2 和图 4 - 1 的比较，我们可以看到创业板上市公司的收益率和深交所上市公司对大盘收益率的相关程度，要远低于上证所上市公司的收益率对大盘收益率的相关程度。创业板的 R^2 主要集中于［0.06，0.18］区间，其均值仅为 0.197，而上证所是 0.3847，后者大于前者，由此可以证明假设 H4 - 3b，创业板上市公司的股票收益率更多的是由其特有特质信息决定，因此，其与大盘收益率之间的相关性较弱，说明此类上市公司更有可能利用私有信息来进行套利。

（4）从图 4 - 2、图 4 - 4 和表 4 - 2 的分析比较，可以看出，基金公司的 R^2 较为均匀地分布在［0.075，0.675］之间。其平均 R^2 为 0.6166，这远大于上证所上市公司的 R^2 和深交所上市公司的 R^2。这说明基金公司的投资收益率与大盘收益率的吻合状况较好，在无法认定基金公司因自身的优势能较早获取内幕信息的可能性的前提下，根据“无罪”推定原则，可以推断其 R^2 较高是由于基金公司内部的专业投资分析师对市场政策及行业政策把握比较准确，并进行较为正确的投资组合有关。进而支持了假设 H4 - 4，证明了资本市场上确实有知识套利的存在。

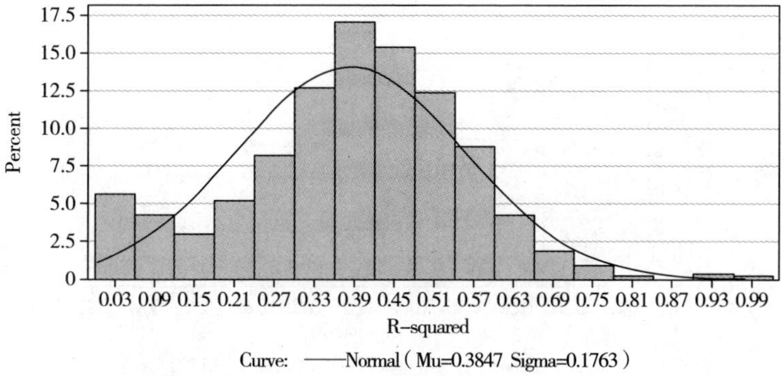

图 4－2　2007～2010 年上证所上市公司与大盘指数之间 R^2 系数分布

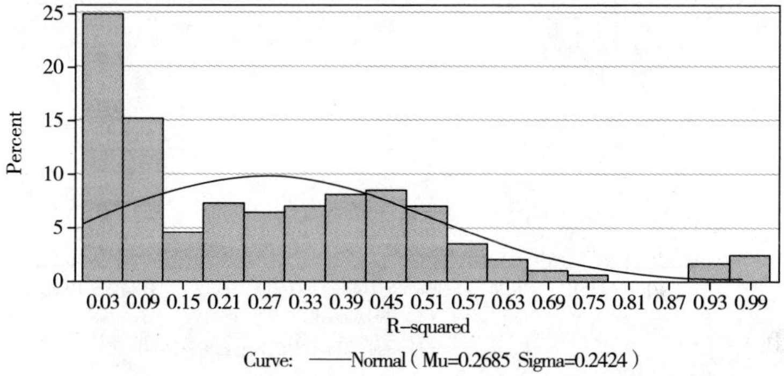

图 4－3　2007～2010 年深交所上市公司与大盘指数之间 R^2 系数分布

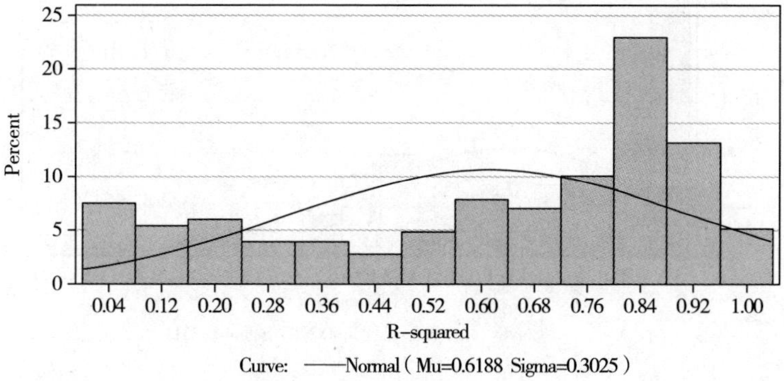

图 4－4　2007～2010 年基金公司与大盘指数之间 R^2 系数分布

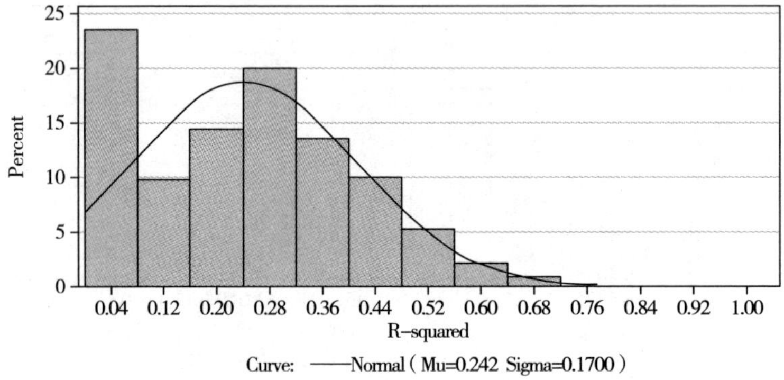

图 4－5　2003～2006 年上证所上市公司与大盘指数之间 $\mathbf{R}^2$ 系数分布

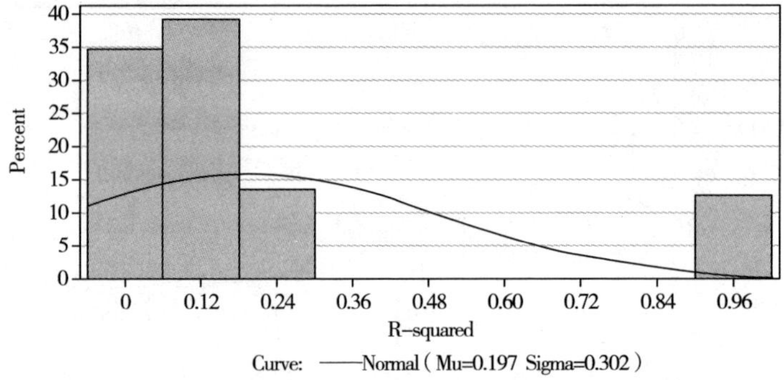

图 4－6　2007～2010 年创业板上市公司与大盘指数之间 $\mathbf{R}^2$ 系数分布

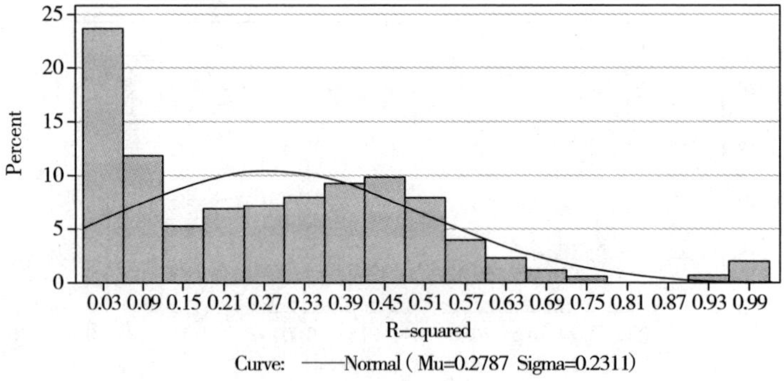

图 4－7　2007～2010 年深证所上市公司与大盘指数
之间 $\mathbf{R}^2$ 系数分布表（剔除创业板）

表 4-2　各类上市公司与大盘指数相关系数 R^2 均值表

	上证所	深交所	基金公司	2003~2006 年上证所	创业板	深交所（剔除创业板）
R^2	0.3847	0.2685	0.6166	0.242	0.197	0.2787

注：如未特别指出，时间跨度均指 2007~2010 年。

4.3.2.4　进一步研究

前面我们对两独立样本的均值进行了比较分析，但由于独立样本可能存在方差相同或不同的现象，为了检验其在方差不同的情况下，均值是否存在显著不同。我们采用 TTEST 进行两独立总体的 t 检验。表 4-3 是我们对两个独立样本以均值相等作为原假设进行双侧 t 检验的检验报告。从报告来看，上证所上市公司月度收益率对大盘指数月度收益率的 R^2 与深交所上市公司月度收益率对大盘指数月度收益率的 R^2、基金公司对大盘指数月度收益率的 R^2、创业板上市公司月度收益率对大盘指数月度收益率的 R^2 存在方差不等的情况，但进一步对其 P 值进行分析可以发现，除了基金公司是在 5% 的显著水平下，基金公司对大盘指数月度收益率的 R^2 的均值显著高于上证所上市公司月度收益率对大盘指数月度收益率的 R^2 的均值，其他公司都是在 1% 的显著水平下，其对大盘指数月度收益率的 R^2 的均值显著不同于上证所上市公司月度收益率对大盘指数月度收益率的 R^2 的均值。从表 4-3 还可以看到，2007~2010 年上证所上市公司月度收益率对大盘指数月度收益率的 R^2 与 2003~2006 年上交所上市公司月度收益率对大盘指数月度收益率的 R^2 方差相等，进一步分析其在 Equal 情况下的 P 值，可以发现其 P 值 < 0.0001。因此也可以得出结论 2007~2010 年上证所上市公司月度收益率对大盘指数月度收益率的 R^2 的均值与 2003~2006 年上证所上市公司月度收益率对大盘指数月度收益率的 R^2 的均值在 1% 的水平下存在显著不相等。综上所述，2007~2010 年，上证所上市公司月度收益率对大盘指数月度收益率的 R^2 均值与深交所上市公司月度收益率对大盘指数月度收益率的 R^2

均值、基金公司对大盘指数月度收益率的 R^2 均值、创业板上市公司月度收益率对大盘指数月度收益率的 R^2 均值，以及 2007 ~ 2010 年上证所上市公司月度收益率对大盘指数月度收益率的 R^2 均值与 2003 ~ 2006 年上证所上市公司月度收益率对大盘指数月度收益率的 R^2 均值存在显著不相等，再一次验证了我们前面的结论。

表 4 - 3　各类上市公司月度收益报酬率对大盘指数月度收益报酬率 R^2 均值显著性分析表

	均值		均值差	P 值	方差齐次 F 检验 P 值
	shrsquare (888)	szrsquare (1117)			
R^2	0.3847	0.2685	0.1162***	<0.0001	<0.0001
	均值		均值差	P 值	方差齐次 F 检验 P 值
	shrsquare (888)	jjrsquare (77)			
R^2	0.3847	0.6166	0.2319**	0.0435	<0.0001
	均值		均值差	P 值	方差齐次 F 检验 P 值
	shrsquare (888)	cyrsquare (133)			
R^2	0.3847	0.2685	0.1877***	<0.0001	<0.0001
	均值		均值差	P 值	方差齐次 F 检验 P 值
	shrsquare (888)	brsquare (845)			
R^2	0.3847	0.242	0.1427***	<0.0001	0.7446

注：① *** 、* * 和 * 分别表示在 1%、5%、10% 的水平上显著，均值差的比较采用单侧 t 检验。②方差齐性检验采用方差比的双侧 F 检验，如果我们拒绝方差相等的原假设，那么在均值差的 t 检验时即使用方差不等时的 t 检验方法。③其中 shrsquare 是指上证所的上市公司的月度收益报酬率对大盘指数月度收益报酬率，szrsquare 是指深交所的上市公司的月度收益报酬率对大盘指数月度收益报酬率，jjrsquare 是指基金公司的月度收益报酬率对大盘指数月度收益报酬率，cyrsquare 是指创业板的月度收益报酬率对大盘指数月度收益报酬率，brsquare 是指 2003 ~ 2006 年的上证所上市公司的月度收益报酬率对大盘指数月度收益报酬率。

4.3.2.5　结论与不足

从以上的研究可以看出，我国资本市场信息套利的现象依然存在，而且相对发达国家还比较严重，然而自从 2007 年上市公司执行新会计准则以来，由于新会计准则对会计信息披露的要求比较严谨，同时监管机构对上市公司的监管也相应加强，因此上市公司信息披露的质量有了明显的提高，许多上市公司前期的私有信息被作为公共信息要求披露。信息套利的现象有所扼制，同时创业板自 2009 年 10 月 30 日诞生以来，有力地补充了资本市场，完善了投资渠道，但也带来了一系列的问题，创业板的私有信息套利现象更为严重，由于创业板上市公司的特殊性，监管机构应当完善创业板上市公司管理制度及信息披露制度，并从严对其进行监控。正如美国著名法官 Louis Brandeis 在 1914 年"*Other People's Money*"中所说："（信息）披露才能矫正社会及产业上的弊病，阳光是最佳的防腐剂，灯光是最有效的警察"。当然本书仅研究、观测资本市场私有信息套利问题的存在，没有进一步地展开研究影响私有信息套利的主要因素。这也是本书的不足之处，其实可以利用 Drunev 等（2004）分析框架 $\ln\left(\frac{R_{i,t}^2}{1-R_{i,t}^2}\right) = a_i + b_1 f_{1,t} + \cdots + b_k f_{k,t} + \varepsilon_{i,t}$来确认影响利用私有信息行为的主要因素。因此，应该在下一步研究中，从影响 R^2 的因素入手，挖掘影响 R^2 的具体因素。

第5章 信息披露、信息套利和XBRL的关系研究

随着资本市场的逐渐完善与经济全球化，会计信息披露就不再只是公司行为，它受到市场机制和相关利益各方博弈的影响，因此基于报告财务信息披露的基本理论研究也随之不断发展。

5.1 财务报告信息披露的理论基础研究

5.1.1 新古典经济理论下的财务报告信息披露

新古典经济学认为上市公司财务报告信息是一种商品，它由财务报告信息的需求方（公司、政府、工会、股东、潜在投资者及债权人）与财务报告信息的供给方（公司）决定的。新古典经济理论认为在市场环境下，资本市场不需要第三方的干预，其本身的惩罚和激励机制能够促使自利的财务报告信息供求双方尽力披露和搜集信息。然而，很明显，新古典经济理论却忽略了以下几个前提：（1）新古典经济学理论的完全竞争均衡状态下的有效市场是建立在一系列理想化的假设之上的，在现实中这些假设条件很难满足，基本不能成立；（2）人本身的有限理性（Simon，1950）也制约了新古典经济理论在财务报告信息披露中的应用，由于人的非完全理论，因此信息供给方不能完全理解财务报告数据的实质内涵，信息需求者也不具备完全理解信息供给者提供的财务报告数据实质内涵的能力；（3）由于披露的部分财务信息可能损害公司市场竞争地位，因此信息供给者面临着一种取舍，供给者将权衡是提供会计信息帮助证券市场充分发挥资产定价功能还是隐瞒财务报告信息使公司在产品市场的优势最大化之间作出判定选择（Newman & Sansing，1993），进而可能影响财务报告信息充分披露原则。而非充分披露的信息又反过来制约了新古典经济理论的基础。

5.1.2　规范理论下的财务报告信息披露

新古典经济理论认为，财务报告信息披露的社会最优数量是当社会边际成本等于社会边际收益时的信息数量。该理论完全把上市公司财务报告信息当成了私人产品来看待，却忽视了财务报告信息实际更具有公共产品（public goods）的特性，作为公共产品，财务报告信息同样具有外部性（externality）和“搭便车”（freeriding）行为。该特性恰好是新古典理论和规范理论最根本的分歧。规范理论指出，财务报告信息这一公共产品导致了财务报告信息“市场失灵”，因此单一依靠市场力量不能有效地调节财务报告信息的供求，而必须借助第三方（如政府）加以干涉来实现财务报告信息披露的有效性，从而限制资本市场上的垄断和投机行为（Watts & Zimmerman，1999）。此时，为了实现“最优”的管制，财务报告信息披露的管制标准就成了一个重要而复杂的问题。Chambers（1976）、Bromwich（1980）和Cushing（1981）等试图借助社会选择理论来解决此问题，并论证了会计标准化或部分标准化是可行的。

5.1.3　实证理论下的财务报告信息披露

自 20 世纪 60 年代，实证性检验开始应用于会计理论研究，尤其是对有效市场假设的实证检验促使人们开始重新审阅规范会计理论的合理性。Ball 和 Brown（1968）的开创性研究产生了实证会计理论（Positive Accounting Theory）。20 世纪 70 年代以来，实证会计理论研究方法成为会计理论研究的主流。Watts 和 Zimmerman（1986）的“*Positive Accounting Theory*”成为会计理论经典之作。实证会计理论侧重于从博弈理论及代理理论来分析解释会计准则的制定过程，从博弈理论来看，根据 Stigler（1971）公共利益理论，会计准则制定者以实现社会福利最大化为目的，在管制成本与社会收益之间寻求平衡，制定者本身超然于利益纷争之外。然而实际上，Scott（2000）认为，会计准则的制定是各类利益集团博弈的结果，准则制定也不能超然于外，各利益集团根据自身最大化的要求，施压于准则制定者，最终的结果是反映了各利益集团的总体利益。Watts 和 Zimmerman（1979）更一针见血地指出总体利益只是托词，最终准则制定反映的是最强大集团利益。因此 Scott（2000）指出会计准则制定不是理性算计过程，而是一个利益阶层博弈的过程。Zeff（1978）则从博弈角度发现，博弈进程中将耗费大量成本，不仅包括制订、实施的成本，更多的是政治成本，而这些成本将造成社会收益的浪费。但博弈对单个个体是有益的，即使博弈中的结果不直接影响公司的现金流，但其由于会计政策的选择对于财务信息的使用者是具有经济后果的，也就是经济后果学说。从实证会计理论来看，它尽管承认财务信息市场的“失灵”，但它从社会总体收益来看，更认同会计准则制定应以市场机制为主，避免过多的政府管制。而从代理理论来看，Berle 和 Means（1933）认为现代股份有限公司最重要的特征是公司所有权与经营权分离，从而所有者与经营者之间形成一种“委托—代理”关系，Holmstrom（1979）认为在这种关系下，要让代理人与委托人保持利益上的一致性，最有效的激励方式是让代理人承担一定的行为后果，体现在会计上就是建立及时、充分、有效的财务信息披露机制。从而使委托方与代理方都能共同观察：双方根据披露的信息资料考察受托方的努力程度，并通过该信息限制受托方的行为。因而减少代理成本，最终实现公司价值最大化。

5.1.4 比较制度分析下的财务报告信息披露

20 世纪 90 年代以来，比较制度分析主要采用相互作用式的研究方法对现行制度进行比较分析，侧重于在博弈论的框架中研究制度的多样性、互补性与路径依赖性。North（2001）提出制度变迁整合和发展框架，青木昌彦（2001）则在此基础上，提倡建立兼容古典和进行博弈的比较制度分析结构。该分析方法广泛应用于社会科学中的众多研究领域，并越来越引起大家的重视。在一个信息不充分和不对称的环境下，有限理性的参与人可以利用好的制度节约决策所需的信息加工成本，因此运用比较制度研究中的分析方法研究会计信息披露无疑是一种独辟蹊径的研究思路。它不是单纯地比较政府干预与市场调节所产生财务报告信息披露制度的优劣性，而主要是研究在特定环境中，某种财务报告信息披露制度安排起源、变迁以及自我实施等问题，从而更好地实现了财务报告信息披露制度与其他制度安排的互补。

从财务信息披露理论的发展来看，应当先把财务信息披露置于一理想化框架，然后再逐步放开假设条件，在特定环境下，综合各种因素，扩大研究范围。从以上研究可以看出新古典理论作为参照系（rcfcrcncc）或基准点（benchmark），规范理论和实证理论则在新古典的基础上综合各种因素扩展研究，新古典理论过于理想化，难以实现，因此关于财务信息披露的理论研究主要集中于规范理论与实证理论，前者在准则制定过程中侧重于强调政府的干预，后者则更侧重于应用市场机制。然而，这两种理论都只是从静态角度来研究财务报告信息披露制度问题，而未从动态的角度研究财务报告信息披露制度，比较制度分析就是从会计制度变迁（动态和发展）的眼光来考察财务报告信息披露。当然，各国的财务报告信息披露制度是特定经济环境下的各种利益集团博弈的综合结果，因而也影响了它的制定、变迁以及交易成本的高低。毋庸置疑，随着经济全球化及金融市场的全面放开，这将推动各国财务报告披露制度的不断趋同。

5.2 财务报告信息披露的环境研究

目前我国数字化披露上市公司财务信息主要集中于部分网站，如官方指定网站为上海证券交易所和深圳证券交易所（包括巨潮网）的网站，文字化披露上市公司财务信息则是官方指定的纸制媒体“七报一刊”，其中中国证券报、证券时报、上海证券报占 99% 以上份额。而关于国际、国内及行业相关信息则主要集中于新闻网站。信息披露分散不集中，披露的内容也比较单一，主要以上市公司私有财务报告信息披露为主。这种披露方式与披露机制对于上市公司的信息披露而言是远远不够的。影响公司股价的信息来源主要来自两部分：一是公司外部的信息；二是公司内部的信息。公司外部的信息主要包括国际经济形势、国内经济形势；国内经济形势包括国内经济政策、行业情况；公司内部信息主要包括强制披露信息和自愿披露信息。从图 5 - 1 可以看出，影响上市公司股票价格的信息有多种形式，包括国际政治经济形势、国内政治经济形势、行业经济发展形势及企业内部私有信息形势。而我们一般所研究的上市公司信息披露主要是针对于上市公司私有财务信息披露问题，这只是所有影响上市公司股票价格的一部分。而根据图 5 - 1 的同心环，可以发现影响上市公司的信息非常广泛，因此在研究保护投资者权益时应该扩大研究的范围，要求全方位地披露上市公司的相关信息。2008 年全球金融危机时，我国 68 家央企海外业务受到巨大冲击，亏损严重，然而在危机发生时，涉及的上市公司并没有及时披露此重大国际经济形势的影响情况。2011 年利比亚战争，导致中国很多央企海外项目遭受巨大经济损失，然而涉及的上市公司没有第一时间披露预计的损失情况。投资者只能根据网上新闻搜索或商务部和国资委事后的统计数据来评测国际经济形势对上市公司的影响情况。据商务部统计，在 2008 年全球金融危机中，68 家央企涉及高达 114 亿美元的海外业务巨额浮亏。2009 年年底，中化集团海外投资累计亏损 1526.62 万美元；2010 年 6 月，中钢集团 Weld Range 铁矿石项目暂停，具体损失暂无统计；2011 年利比亚战争，对中国海外投资项目更是造成了数千亿元的经济损失。从以上事例可以看出，随着国内开放力度的加大，更多的企业开始走出国门，对国外的投资越来越大。2010 年年末中央企业在境外投资设立的子企业和机构约为 4248 户，扣除境内业务境外上市和境外企业返回内地投资后，境外资产总额达到 2.7 万亿元。据国资委统计，截至 2009 年年底，共有 108 户央企投资涉及境外单位 5901 户，央企境外资产超过 4 万亿元，因此国际政治经济形势对上市公司的影响越来越重要。同时，中国资本市场受中国政策的影响也较大，每一项经济政策的出台都将对资本市场产生巨大的冲击，2001 年的国有股减持政策，导致上证指数从 2245 点下跌至最低 998.23 点。2005 年中国人民银行实施人民币汇率改革，两年时间上证指数由 998.23 上涨到 6124.04 点。2007 年财政部调整证券交易印花税，五个交易日，上证指数从 4335 点跌至 3404 点。2007 年美国次贷危机导致全球股市暴跌，中国权威报刊发表资本市场维稳文章，股市逆势上涨至 6124.04 点。贾炜等（2007）采用实证分析方法，研究 GDP（国内生产总值）、IP（工业增加值）、FAI（固定资产投资）、RFD（法定存款利率）与股指之间的关系，发现宏观经济形势对股票市场有显著影响。刘星等（2010）从货币政策和财政政策出发，研究其对中国资本市场的影响，发现货币供应量变化对中国资本市场的波动有显著正向影响。从以上分析可以看出，国内经济形势对上市公司股票价格有巨大影响。当然行业信息也影响上市公司的股票价格，自 2010 年开始，我国对于房地产行业开始进行了宏观经济调控，1 月 10 日，国务院出台“国十一条”，严控二套房贷款，要求二套房贷款首付不得低于 40%。自此，房地产业从当时的 4224.42 下跌到最低 2570.74，最大下跌幅度为 39.15%，而上证指数在相应的时段，从当时的 3195.99

下跌到最低的 2132.63。最大下跌幅度为 33.27%，两者跌幅最大相差近 6%。可见行业经济形势对股价的影响也很大。2010 年涨幅最大个股是 ST 光华，涨幅达到 376.39%。2011 年涨幅最大的股票也为资产重组型股票，涨幅最靠前的有大半属于 ST 股，其中华夏幸福涨幅超 206%。从以上资料来看，ST 股涉及重组概念，因此相应的私有信息相对较高，因而对股价的影响最大。从以上分析可以看出，上市公司的股票价格受到各种环境因素的影响，但由于这些信息分属不同的主体，具有很强的分散性，而如果采用 XBRL 则可以解决这类问题。要披露各种经济形势数据对该上市公司股价影响，可以采用 XBRL 来实现，XBRL 设置与主体相关的国别、行业等元数据，同时把该元素与各主体之间建立起相互关联链接，当各国际、国内经济政策及行业信息与该主体相关的经济事项发生时，各主体通过披露规则触发器直接触发了披露规则，利用 HTML 的超链接功能，直接链接到影响此上市公司股价的信息，在 XBRL 可直接生成实例文档进行披露，从而及时而充分地披露该信息，为信息使用者提供决策有用信息。

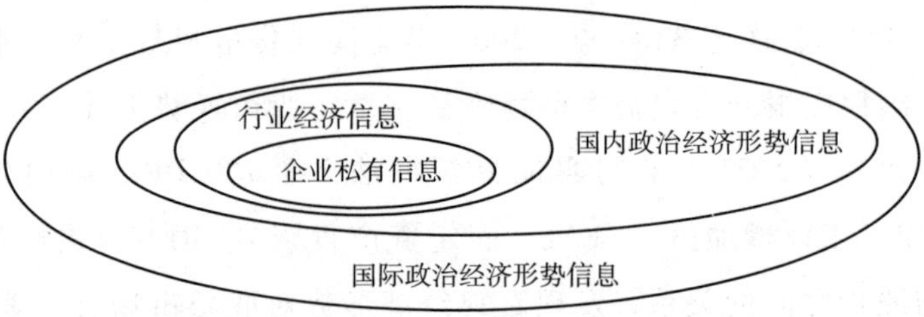

图 5-1　影响上市公司股票价格的信息同心环

5.3　信息披露与 XBRL 的关系研究

5.3.1　信息披露及时性与 XBRL 的关系研究

财务信息披露需要从及时性、全面性及有效性三个角度来进行分析。首先来分析及时性。从财务信息的及时性来看，有些企业为了稳定股票价格，推迟披露利好消息，在企业出现坏消息时，在坏消息披露前后几天，提前或推迟披露利好消息，从而两者得以抵消，达到股价平抑的效果。以 2011 年资源产品上调价格的信息为例，多家资源类上市公司公布了产品调价的公告。同样是上调价格，披露时点的不同就显得十分耐人寻味。其中一家公司于 2010 年 12 月 31 日率先披露了 2011 年 1 月 1 日起上调产品价格的消息，伴随的是当天该公司 16.79 亿股股权分置限售股份解禁，解禁市值超过 400 亿元。虽然面临天量的解禁冲击，不过在上调价格的利好“调和”下，该公司当天股价的涨幅仍超过了 6%。另两家同行业公司上调产品价格的公告则分别于 2011 年 1 月 4 日和 2011 年 1 月 6 日“姗姗来迟”，其中一家公司于 2011 年 1 月 13 日迎来 5.18 亿股的解禁。从此案例分析来看，上市公司在信息披露时机的选择上有极大的随意性，如果采用 XBRL 来进行信息披露，此类提前或推迟信息披露平抑股价的行为就能得到抑制。我国很多资源类价格的调整是由国家发改委作出决定，很多企业没有定价权，因此资源类的企业在设计 XBRL 实例文档时，应当将价格相关的信息链接到发改委的相关文件上，在发改委作出调价决定时，相应的链接信息就会出现在相关上市公司的对应信息披露的资料上。从而避免了人为调控发布的时间，及时披露相关信息。而且 XBRL 有利于提高创建财务报表整个工作流程的效率，便于财务报告信息及时披露。目前在财务报表中做出一处改动需花费数小时，如一项影响利润表中主营业务收入的调整。当调整报表中该处项目时，由于记账规则的约束，报告中的多处内容都将受到影响，而所有受影响的地方都需要调整，这个流程需要数小时才能完成。但如果采用 XBRL，则几秒钟便能解决上述问题。同时，由于自动化程度提高，整合过程也会轻松许多。以总利润为例，当运用总利润这个标记对应利润表上总利润项时，能解读 XBRL 的工具将识别这一项目对应的名称是总利润，并能识别余额在哪一方，是什么货币单位，精度是多少，覆盖的是什么期间，哪个公司的总利润。也就是说，XBRL 在识别一个数值时，不是只识别单一数值，它还能识别这个数据所处的上下文背景。

从前面会计信息披露理论来看，古典经济学家习惯于在阿罗·德布鲁所构建的一般均衡框架下工作，然而理想世界与现实显然差距甚大。传统的价格机制实现帕累托效率的有效性值得怀疑，经过“大萧条”打击之后，“市场失灵”和“政府干预”的理念日益盛行。在此基础上，信息经济学开始引起广泛注意，信息经济学的贡献在于，不仅更加有力地证明了市场存在缺陷，而且清楚地展示了市场缺陷的根源在于信息，鼓励信息生产和缓解信息不对称。XBRL 在缓解信息不对称中起到非常重要的作用。XBRL 美国地区组织开发出了一个简单的应用程序，允许访问者提取所有报送 XBRL 报告的公司的收入和资产数据。数据能够按部门和行业进行汇总，一旦被公布在 EDGAR 上就立刻予以更新。目前，该组织还将逐步增加其他项目，如营业净收入和经营业务现金流等。可以通过网站①，使用该程序进行自定义实时分析。根据该应用程序提供的 2010 年第三季度 XBRL 数据，可以发现下面一系列有趣的事实：金融、保险和房地产行业总资产占各行业资产总额的 65%，但其收入仅占 14%，恰恰证明了 2009 年金融业危机给整个经济带来的连锁反应。房利美（Fannie Mae）一家公司的资产总额就占据了该季度资产总额的 9.5%。石油加工企业在所有上市公司中的比重不到 1%，但其 2010 年第三季度收入却几乎达到了各行业上市公司总收入的 10%，公司平均收入为 18 亿美元。某些行业的业绩表现较为突出，如 12 家石油加工企业和 7 家零售商店企业的平均收入分别为 220 亿美元和 170 亿美元。2009 年全年，沃尔玛（WalMart）的收入占整个零售业总收入 1.4 万亿美元的 29%。有了 XBRL，公众可以在公司将其详细数据公布在 EDGAR 上后数分钟

① http://data.xbrl.us.

内获得每一家上市公司的信息。Green（1997）、Koreto（1997）发现，企业的经济活动是动态的，传统的财务报告形式越来越不及时，从而导致对投资者的决策有用性也越来越低。Ball 和 Brown（1968）的研究显示，会计盈利的 80% ~90% 信息含量在财务报告公布日之前已经被市场的证券价格所反映，因而财务报告公布日之后的财务信息对证券的价格影响就非常有限。Brown（1994）对比美国与澳大利亚资本市场对上市公司公布财务报告后的股价波动，发现在上市公司盈利公布日澳大利亚市场能对股价产生的波动显著大于美国资本市场。这间接说明了，美国由于资本市场比较发达，信息披露的渠道较多，大量投资者依据投资的信息来源较多，大量上市公司年报信息的滞后性，导致上市公司年报信息的功能逐渐消失。Bury（1999）、Romain（2000）甚至认为，不久将来，信息技术的发展，纸质财务报告将逐渐消失。Hunton（2003）从经济理论角度对实时财务报告的供需理论基础进行分析，认为实时财务报告可以使信息使用者获取实时信息，及时调整自身的决策数据集，从而降低股价的变动性，缓解企业内部信息的供给压力。同时，由于实时财务报告可以建立于 ICT（先进信息交流技术）基础设施上，相应实施实时财务报告的增量成本将人幅减少。

从图 5 -2 可以看出，从一项经济事项发生到该事项在财务报告中披露要经历以下步骤：首先外部事实发生，要结合反映该经济事项的单据，才能形成可反映的财务信息，（如采购，单据未到就只能在期末做估价入账处理）。外部经济事实再结合内部事实形成企业内部财务信息，内部会计信息经过审计人员鉴证审计，才形成对外报送的财务信息，而报送由于受到监管机构的协调与管理，只能在公司互联网网站和中国证监会指定的刊物上发布。因此，财务信息使用者要使用信息进行决策，就要从指定的刊物上下载、提取并加工所需数据，然后进行分析决策。从此流程来看，财务信息到使用者使用信息进行决策，要耗费的时间为：

$$\text{Total}_{\text{time}} = T_{\text{传递单据}} + T_{\text{数据加工}} + T_{\text{审计鉴证}} + T_{\text{信息披露}} + T_{\text{决策加工}}$$

从以上公式来看，原始单据在进入企业时有时滞发生，称为获取时滞；在审核加工原始单据时也有时滞发生，称为数据加工时滞，数据加工时滞对于传统会计而言包括审核、登账、对账、编制等会计处理事项；编制好的财务报告在报送给信息使用者之前要经过审计机构的审计鉴证，此审计鉴证发生的时滞称为审计鉴证时滞；审计后的财务报告报送给投资者时也有时滞发生，称为信息披露时滞；在投资者利用财务报告进行分析决策时也有时滞发生，称为收集决策加工时滞。目前 XBRL 研究的主要领域集中于信息披露时滞研究。而把信息生成的其他四个时滞事项交由企业辅以软件开发公司自行决定。Maines 和 McDaniel（2003）依靠 Hogarth（1980）提出的判断模型描述了财务报告的使用者如何利用数据进行财务分析的过程。他们把这系列过程分为三步：收集信息、评价信息和消化信息。Mike Willis 研究发现，XBRL 的应用将节省相关财务分析报告生成成本 30% ~ 70%[①]。普华永道会计师事务所报道，在使用 XBRL 之前，他们大约要花费 80% 的时间收集数据，而仅仅花费 20% 的时间用于分析数据。[②] 由此可以看出，即使目前 XBRL 应用于财务报告披露阶段，也将由于获取会计信息的及时，给财务报告分析者带来巨大的收益。随着会计信息系统的普及，当前的财务软件及 ERP 系统能解决主体财务报告生成及时性，但不能解决财务报告的再加工问题。当前的财务软件及 ERP 软件只能提供固定格式的财务报告，是上市公司加工判断后的会计信息数据，不能解决财务报告的扩展性问题。因此，当前企业内使用的信息系统，只是方便内部的经营管理，而不能适应外部信息使用者的需求，而 XBRL 能最大限度地满足了内、外部信息使用者的要求，从多个环节解决了会计信息披露的及时性问题。

---

① Tad Leahy, “XBRL: Coming of Age,” liusiiwss Finance, December 2005, 3.

② Gee and Lee, February 2006.

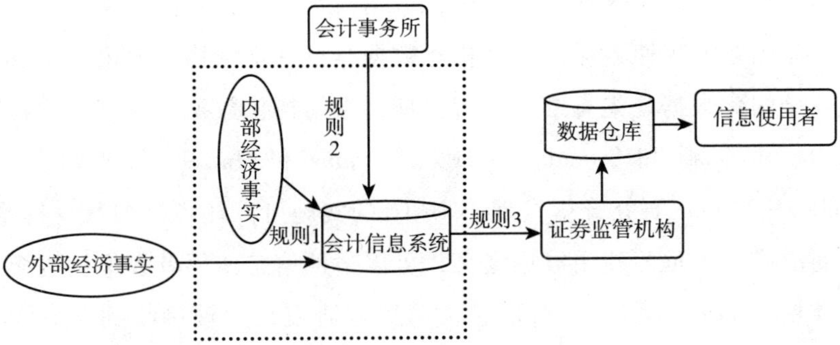

图 5－2　经济业务数据传递

5.3.2　信息披露充分性与 XBRL 的关系研究

从财务报告的形式发展来看，我国早在奴隶社会时期的宫庭会计时代就出现了文字叙述式财务报告。Luca Paciolio（1494）在《算数·几何·比和比例概要》中发明了复式记账法，也就出现了现代财务报告的雏形。Simon Stevin（1605）把财务报告引入了表式财务报告时期[①]。从报告形式来看，财务报告经历了从“文字叙述—表格形式—文字＋表格”的历程。自 1993 年开始我国把财务会计报告附注引入财务报告体系，自此结构化与非结构财务信息共存于会计信息披露范畴，由于附注信息更多的是文字性描述内容，因此在提取信息进行分析时，就存在一定的困难，也决定了很多财务信息使用者因缺乏足够的专业知识，而忽略了附注信息的重要性。随着 XBRL 的出现，附注信息与报表信息同等重要的地位形成了现代财务报告体系，现代财务报告将逐渐进入 XBRL 财务报告时期，这一时期财务报告的结构处于半结构化状态。这意味着报告形式从非结构化转入结构化，现在又进入半结构化状态。非结构化数据一般比较杂乱无章，很难按照一个概

① 刘永泽，傅荣，梁爽．财务呈报研究．大连：东北财经大学出版社，2009.

念去进行抽取，无规律性。结构化数据，数据结构字段含义确定，清晰，有固定的规律遵循。半结构化数据具有一定结构，但语义不够确定，结构化数据是先有结构再有数据，半结构化数据是先有数据再有结构。Hoffman 和 Strand（2001）、Higgins 和 Harrell（2003）以及 Weber（2003）研究分析发现，XBRL 的实施可以让各机构共享标准，从而准确、可重复使用数据定义，可以帮助信息使用者收集到更多准确数据。Casey（1980）对信息负荷进行研究，发现接收到含有财务比率及有附注的财务报表和含有财务比率但没有附注的财务报表的银行信贷员，比只接收到财务比率的银行信贷员在预测破产时更精确。Donpnik 和 Rolfe（1989）检验按行业或地域拆分公司业绩的额外披露是否对投资者决策产生影响，研究发现拥有地域拆分信息的投资者比只有合成信息的投资者在进行股票风险评估时更有信心。Belkaoui（1983，1984）发现，接受增量信息的信贷员所作的破产预测更准确，而且对自己的判断更有自信。Maines（1990）认为决策者在评断预期准确性时，不会考虑信息的过剩性。因此只要是准确的信息，增量披露一般就能带来增量的信息。

从财务报告遵循的规则来看，早期的财务报告仅在于保护庄园主财产的安全，不是出于对外提供财务信息的目的，因此财务报告本身及与其相关的会计原则、会计准则都没有受到公众的关注。19 世纪欧洲工业革命后，股份公司逐渐壮大，资本所有权和经营管理权分离。从而使财务会计信息开始出现外部需求。英国 19 世纪的《公司法》明文要求股份公司必须对外提供真实的财务报告——资产负债表和利润表。1963 年美国会计原则委员会发布了《第三号意见书》要求企业提供“资金表”（后来称为“现金流量表”）。财务报表出现了资产负债表、利润表和现金流量表三张基本报表的格局。20 世纪 90 年代，随着利润表的逐步完善和改进，所有者权益变动表应运而生。由此可以看出，随着企业两权分离，资本的所有者与主体之间的投资关系更多转变为信息披露关系。

从财务报告的形式发展和规则可以看出，财务报告披露的信息越来越多，信息需求者对信息的需求越来越细化。通过运用 XBRL FR，可以使财务信息披露更充分、更完整，XBRL 可以使用同种元数据验证披露清单发现的许多异常信息。虽然并非所有异常信息都能验证，但目前大约能验证披露清单中 80% 的内容。例如，“如果财产、工厂和设备在资产负债表上，那么需要披露如下信息：……”换句话说，即简单验证是否存在“如果，那么”的关系，就能使财务报告在披露信息更加全面、完整。而 XBRL GL 的实施，可以实现财务披露信息粒度的细化。在 XBRL GL 中，可以设置业务单据实例文档，来容纳主体的具体经济业务事项，通过 XBRL FR 与 XBRL GL 的结合，主体可以实现财务数据的钻取和汇总操作，全面而综合地获得主体的各层面的信息资料。

5.3.3 信息披露有效性与 XBRL 关系研究

前面利用收益激进度与收益平滑度对披露财务信息的有效性进行分析，发现我国上市公司披露的财务信息的有效性较低，尤其受到经济环境的影响，从而导致部分上市公司为了更好地吸引投资者进行投资，对收益进行操纵，在早期由于信息技术的缺失，披露信息的质量缺少内在的校验机制，因而出现大量信息披露质量不高的现象，在 2010 年报披露中，贵州茅台年报出错高达 60 多处。嘉事堂及力帆股份都出现了计数单位的错误，乐视网出现一月内披露错两次的事件，*ST 张铜更出现年报两次更正现象。ST 四环出现了包括公司名称错误在内的多达八项年报数据错误，沧州明珠则错把除权除息日整整向后推了一年。在 2011 年报披露中，则出现了智光电报、包钢稀土、江淮汽车及常铝股份等多种年报错误现象。而这些错误年报如果采用 XBRL 技术则都能避免。普华永道会计师事务所报道，在使用 XBRL 之前，他们大约要花费 80% 的时间收集数据，而仅仅花费 20% 的时间用于分析数据。[1] 即使花费如此多的时间小心翼翼地来获取数据，收集到用于分析的数据仍可能有 28% 或更高的错误[2]。从信息有效性分析可以看出利用 XBRL 的内嵌规则，大量规则组成严密的规则网，可以进行会计数据的准确、有效性验证。

由图 5-3 可以看出，要得到一个合理、有效的 XBRL 实例文档，必须经过一系列的规则校验。首先该实例文档要进行 XML 文档的格式验证，检验 XBRL 实例文档是否是一个格式良好的 XML 文档，XML 格式验证目前已经能被 XML 解析器和包含 XML 解析模块 XBRL 处理器来验证交换的文档格式是否良好。XML Schema 验证目前在 XBRL 2.1 的规范下，大多数 XBRL 软件厂商通过使用相同的 XML 解析器——Xerces 来完成对 XML Schema 的验证。在此基础上，再引入 XBRL 内部校验来验证 XBRL 实例文档是否满足 XBRL 的规则，XBRL 的一致性包括格式一致性和计算一致性。XBRL 的一致性验证依据 XBRL 2.1 制定的一致性套件来进行检验。虽然一致性套件是由人创建难免还是会有错误，但解决了软件严重的互操作性问题。XBRL 一致性包括两个层次：最小一致性和完全一致性。只有满足完全一致性的 XBRL 才适用于财务报告。FRTA 一致性则根据 FRTA 规范所有分类标准文档满足 FRTA 中制定的所有 MUST 准则。FRIS 一致性则要求实例文档满足 FRIS 制定的所有 MUST 准则。Formula 1.0 规则则是为了弥补 XBRL 规范中计算链接库规则的不足而开发的一个新检验规则，在该规则里定义了一系列复杂规则。规则包括普通过滤器规则、概念过滤器规则、时期过滤器规则、实体过滤器规则、单位过滤器规则、值过滤器规则、维度过滤器规则、元组过滤器规则、片段及场景过滤器规则。自定义规则属于用户自设规则，该用户既可以包括实例文档的生成者，也可以包括实例文档的使用者。用户可以根据自己对财务报告体系的认识，设定自己的特色规则，从而检验实例文档的可

① Gee and Lee，February 2006.

② Cox，March 3，2006.

靠性和有效性。从图 5－3 还可以看出，XML 规则、XBRL 2.1 规则和 FRIS 1.0 规则对于 XBRL 实例文档是属于必须检验的规则，而对于 FRTA 规则、Formula 1.0 规则和自定义规则对于 XBRL 实例文档则属于可选规则集。从以上分析可以看出，如此众多的规则集，对于财务报告实例文档的有效性提供了坚实的基础，在规则集中，元素与元素之间的关系错综复杂，把财务报告元素关系网建成了紧密联系、系统的规则网。从而很好地保证了披露财务信息的有效性。当前财务软件及 ERP 软件报送的是纸质文档，无法保证报送数据的完整及准确性。XBRL 由于其内在机制里设置了大量的规则验证机制，可以检验报送数据的完整和准确性，因此可以保证输出的会计信息准确、有效。

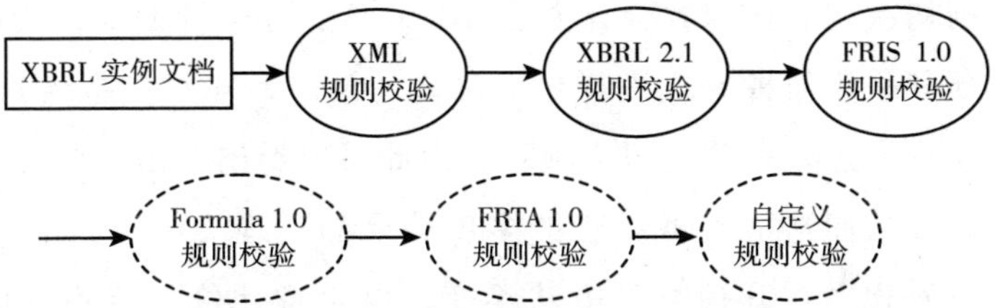

图 5－3　XBRL 实例文档校验程序

5.4　信息套利与 XBRL 的关系研究

XBRL 不但适应今天的会计准则和政策，而且能够灵活地适应未来的会计准则和政策，还能为外部使用者引出额外的披露。XBRL 能够在不同的设备间如计算机、移动电话、PDAs 等移动终端之间进行交换。2011 年 1 月 19 日，中国互联网络信息中心（CNNIC）发布了《第 27 次中国互联网络发展状况统计报告》（以下简称《报告》）。《报告》显示，截至 2010 年 12 月底，我国网民规模已达到 4.57 亿，另外，我国手机网民规模达 3.03 亿，平均网速为 100.9KB/s。截至

2007 年，中国沪深两市开户数就突破 1 亿户。由此可以看出，网上信息披露对于中国资本市场的稳定与发展将扮演非常重要的角色，从而将导致披露的信息及时传递给信息使用者。及时的信息是有价值的信息，一些股东能更快地根据收到的企业报告信息进行处理，从而做出理性的决策。然而由于信息能产生收益，因此在信息传递过程中如何避免信息生产者通过提前获得信息来进行谋利引起了监管者的注意。对于“信息套利”（information arbitrage）的规避。监管者通常通过创设公平披露原则（fair disclosure）来制订披露规则以消除信息套利和降低信息速度上的不同。

由图 5－4 可以看出，当经济事件发生后，会计人员首先根据自己的判断选择该项经济业务是否进行会计确认，如果要进行确认，会计人员则初次判断按何种会计方法进行确认，在会计期末，会计人员再次判断其采用何种方式进行后续确认。最后，在财务报告形成时，还要判断分类进入相应的报告项目，由此可以看出，由于会计上判断事项较多，从而造成财务报告的多项结果的出现。Dyckman（1964）在实验中发现，在其他会计方法不变，仅存货计价方法不同的条件下，受试者将给出不同的公司股票估价。Barrett（1971）发现，公司使用不同会计方法计量投资时，如果把不同方法之间的差异作为信息提供给投资者时，投资者在估计该公司股票价格时不会受到影响。从以上分析可以看出，会计准则具有一定的灵活性。同一项经济业务的会计处理可采用多种可供选择的会计处理方法。多种会计处理方法的并存为上市公司配股、扭亏、保壳、兑现经营管理人员薪酬、平滑收益、内幕交易提供了便利条件，从而财务报告信息生成者可以利用会计职业判断的幌子达到操纵财务报告披露信息的目的，利用准则制度给予的“活动空间”进行会计操纵，从而忽视了会计信息的公平性、真实性。

在前面研究中，可以发现，我国信息套利行为的主体主要表现为三种：第一种主体为上市公司外部相关政策制定者，其衍生出上市公

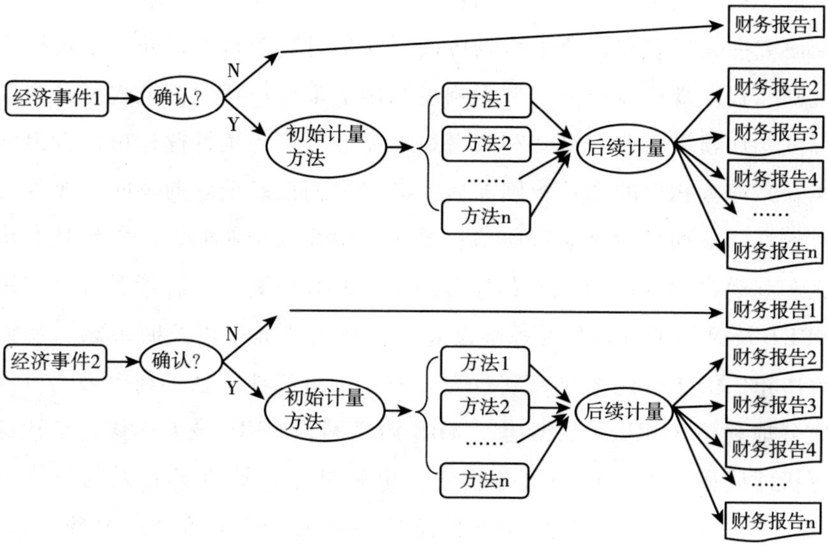

图 5－4　经济业务会计处理

司监管相关人的信息套利行为；第二种主体为上市公司私有信息优先获得者，其衍生出上市公司相关的各利益相关者的信息套利行为；第三种主体为上市公司信息使用者，其衍生出上市公司信息专业分析师的信息套利行为。对于第一种信息套利行为，主要利用公开信息原则来处理，利用此原则，要求监管人员必须公开其参与的一定金额以上的证券交易信息，同时该公开的信息可以通过 XBRL 内的专有元素与上市公司的主体元素进行关联，及时反映在上市公司的披露信息中。奥巴马 2012 年 4 月 4 日签署了一项旨在禁止国会议员以及包括总统在内的联邦官员参与证券市场内幕交易的法案《禁止以国会内线消息指导交易法案》，该法案要求民选官员必须在规定期限内公开披露价值超过 1000 美元以上的证券交易的信息，这一规定涉及包括总统、副总统、内阁成员、议员及其幕僚在内的超过 2.8 万名此前已被要求向公众披露信息的高级政府官员。该法案禁止国会议员及其助手利用他们在工作中获得的机密信息来指导股票或其他期货交易，这项法律同样适用于联邦政府的行政和司法部门的官员。这种公开信息原则可以解决第一类主体的信息套利行为。对于第二种信息套利行为，在前面研究中，发现我国资本市场可能存在信息套利行为，并且发现披露规则、资产规模及业务类型影响着利用上市公司特质信息进行套利的程度，从新兴行业信息套利的潜在可能性大于传统行业，可以看出此类新兴业务相应的会计规则滞后，必将影响信息披露的及时、充分与有效性，从而导致企业特质信息更多地留存在企业内部，导致私有信息套利现象出现。而该种套利行为在 XBRL 环境下，监管者可以利用 XBRL 及时修正更新分类标准设置，使新兴业务得以及时披露，从而解决第二类主体的信息套利行为。而对于第三种信息套利行为，可以充分地利用 XBRL 元数据建立 XBR 语义网，XBRL 最大优势就是让计算机能读懂上市公司的财务报告，也就是让计算机具有人的思维方式，用信息使用者的思维帮助信息使用者去解读上市公司财务报告，按照信息使用者的个性设定去搜寻所需的信息，以信息使用者所喜好的形式在计算机屏幕上反映出最后的解决方案，从而减少由于信息使用者有限理性，被其他专业信息加工者所“忽悠”而遭遇利益受损的风险，从而解决第三类主体的信息套利行为。

第6章 XBRL的理论框架模型研究

6.1 XBRL 的概述及发展历程研究

6.1.1 XBRL 概述研究

早期报送的财务报告只要求人能读懂，不要求计算机来读懂，因此主要采用纸质文档、PDF、WORD 及 EXCEL 形式，把报送资料准确交由人来进行鉴证。现在报送的是 XBRL 实例文档，该文档是人机都可读的文档。XBRL 是一种标记性语言，是 XML 在商务报告中的应用产物。标记是一种发布技术，是一种处理文本系统的语言，也就是内容文本根据其含义被加上了标签。标记语言（见图6－1）的家族发展历程为：GML（1969）→SGML[①]（1985）→XML（1998）。而 XML 由于其应用领域的不同又衍生出 XHTML、MathML、WML、SVG、CML 和 XBRL。标记语言将内容、结构和格式分开处理，因此，使用者在利用标记语言来发布信息时，不需要考虑文档结构和格式，只须把重点放在文本内容上来全面完整地设计文档。从标记语言的发展历程可以看出，XBRL 标记语言的技术基础是 XML。

XML（可扩展标记语言）是 Web 数据使用的通用语言，它继承了 SGML（通用标记语言标准）的强大功能，充分采取了 HTML（超文本标记语言）的“易用”原则，将结构化资源（XML）和资源的描述框架（RDF）互相配合，从而简化元数据的提取工作，大大提高信息查找效率。XML 具有以下一些特点：（1）允许开发者建立符合自己需求的标记，标记的设计可由开发者自己建立，无须遵循固定的标记，具有较强的可扩展性；（2）由于采用标记来标示元素，标记元素区分了文件内容的重点与一般，从而在文件内容中很容易找到

① Standard Generalized Markup Language，标准通用标记语言，ISO/ANSI/ECMA 的一个标准，一种用来注释文本文档，提供文档片断的类型信息的规范。

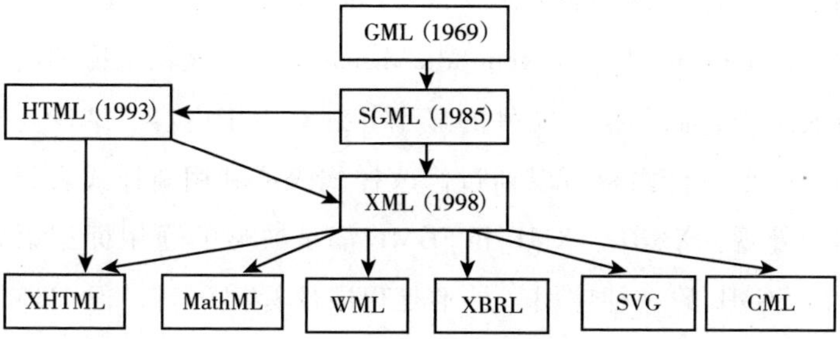

图 6－1 标记语言的家族

重要点；(3) XML 是一种标识语言，因此要求遵守相关的规则，从而便于数据的传递和阅读；(4) 作为一种语言工具，XML 文件的结构必须具有一定的结构（如层次结构、网状结构或关系数据库结构）；(5) XML 元素具有定义功能，虽然标记不显示在网页中，但可以在搜索引擎中搜索到，将影响搜索结果的排列顺序。XML 1.0 Recommendation 规定了 XML 的 10 大设计目标：XML 将能直接在 Internet 上使用；XML 将支持各种不同的应用；XML 将与 SGML 相容；处理 XML 文件的程序很容易开发；XML 的选项功能将保持最少，最好是零；XML 文件应该是易读且清晰的；XML 的设计应该很快就绪；XML 的设计将是正式且简洁的；XML 文件将很容易被创建；精简对于 XML 标记来说是最不重要的（HTML 的标记便尽求精简）。同时 XML 中所用的 Unicode 是一种通行全球的编码方式，是依据 ISO/IEC10646 标准制定，适用大多数国家，因此 XML 具有最广泛的字符集合支持。

早期标记语言主要是一些用于文字编排格式的指令。这类标记不处理文件的内容，主要用于处理文件实际的显示外观，因此又称为程序性标记（procedural markup）。由于程序性标记只针对单一文件，控制某一文件以特定格式输出，即特定外观显示。如需以不同外观再利用，要么必须删除原标记加入符合新显示外观的标记，要么将原文件内容复制一份以新显示标记来标记。很明显，这种程序标记扩展性较差，不具有内容上的可复用性。因此后来在程序性标记基础上发展起来的另一类标记称为描述性标记（descriptive markup），也称为通用标记（generic markup or generalized markup），该标记描述的是文件的内容或结构，而不描述文件的显示外观。由于内容、结构与显示分开，因此一份文件内容可以通过修改样式表或利用新样式表就可以显示不同的外观。XBRL、XML 和 SGML 都是典型的通用标记语言，而 HTML 是 SGML 的一种应用，虽不是程序性标记语言，但 HTML 的样式是内嵌（built - in）的。并非如 XML、XBRL 和 SGML 有分离的样式表。XBRL 与 XML 相比，XBRL 内嵌的规则更多、验证内容更广，除了进行由 XML 解析器完成的 XML 验证、XML Schema 验证，还要进行由 XBRL 处理器来完成的 XBRL 验证、FRTA 验证和 FRIS 验证，以保证实例文档和分类标准遵循 XBRL 规范、FRTA 规定和 FRIS 规范。而且 XBRL 解析器的价格也较低廉，XBRL 一致性套件包含 400 余条测试。同时 XBRL 充分利用了 XML 的 XLink 技术，在财务报告领域，XML 能够通过 XLink 定义将 Internet 对象链接到 XML 相关文件内容的资源，且 XLink 允许双向链接，使用者可以从两个互相链接的文件中的任一个指向另一个；也可以定义一对多的链接。因此，从标识语言的演变来看，在会计信息披露领域中，XBRL 是当前最优秀的标识语言。

6.1.2 XBRL 的发展历程研究

（1）XBRL 在美国的发展。

1999 年 1 月，美国注册会计师协会创建了以 XML 为基础的财务报表框架标准，将该框架标准命名为可扩展财务报告标示语言（extensible financial reporting markup language，XFRML）。并于同年 6 月，以美国注册会计师协会为首成立 XFRML 指导委员会。1999 年 10 月，Charles 研制完成 XFRML 测试用原型。同时美国注册会计师协会将 XFRML 更名为“可扩展企业报告语言”（extensible business reporting language，XBRL）。2000 年 7 月，XBRL 指导委员会发布 XBRL V1.0 规格书和 XBRL 分类标准（Taxonomy），并成立 XBRL 国际组织（XBRL international）。2001 年 12 月，XBRL 指导委员会正式颁布 XBRL 2.0 规格书。2003 年 4 月，XBRL 国际组织发布 XBRL 2.1 规格书。2004 年 9 月，美国证券交易委员会提出对 XBRL 的运用征询意见，并于 2005 年实施了自愿计划，允许上市公司自愿选择是否采用 XBRL 标准披露信息。自 2006 年后，大约 8200 家美国财务机构开始使用 XBRL 向银行监管机构来递交季度财务报告。2010 年，XBRL 美国地区组织把美国 GAAP 分类标准的维护职责移交给了美国财务会计基金会（FAF）。新版分类标准于 2010 年 9 月 1 日初步拟订，并于 10 月 30 日结束公众意见征询。2010 年 9 月 30 日，XBRL 美国地区组织的研发机构 XBRL 美国地区组织实验室宣布，用于定义公司行为事件信息的分类标准初稿（即术语数字字典）已编写完成，现公开征询公众意见。用户可使用该分类标准对包括合并、分红和拆股在内的 50 多种公司行为进行标记，以便制作可机读的文档以及能够实现从发行者到投资者直通式处理的结构化数据。2011 年美国证券交易委员会（SEC）已采用《2011 版美国 GAAP 财务报告分类标准》。SEC 强烈建议公司使用最新版美国 GAAP 分类标准进行互动数据报送，以充分利用与最新会计准则相关的最新标签等改进。工商业分类标准（适用于大多数公司）和特定行业分类标准的标签均经过更新。该分类标准总计增加了约 2000 个新元素，删除了数百个旧元素，包括那些“留在分类标准中满足遗赠转换要求、但禁止出现在 2011 版 UGT 报送文件中”的元素。

（2）XBRL 在其他国家（美国、中国除外）的发展历程。

随着美国 XBRL 的发展成熟，XBRL 给信息使用者所带来的好处吸引了越来越多的国家和地区开始加入 XBRL 的研究与开发中。例如，德国证券交易所从 2004 年起与 Software AG 合作开始启动 XBRL 自愿项目，韩国证券交易所和 KOSDAQ 分别开发了 XBRL 信息披露系统。2002 年，东京证交所与 Fujitsu 合作研发上市公司的 XBRL 平台，并要求从 2004 年起所有在东京证交所上市的公司都必须采用 XBRL 格式申报财务报告。XBRL 在各国的发展情况如表 6 - 1 所示。

表 6 - 1　　XBRL 在世界各国的发展历程

国家	XBRL 应用主体	XBRL 应用领域	初始日期
Australia	澳大利亚审慎监管局	Regulatory reporting	2001
Japan	东京证券交易所	Provide summaries of annual filings	2003
Japan	日本国家税务局	Receiving tax filings	2003
Korea	韩国高斯达克市场	Provide financial information to investors	2003
Germany	德意志联邦银行	Financial comparisons	2003
Denmark	丹麦商业与公司代理	Online registry of companies	2003
New Zealand	新西兰证券交易所	Pilot program to receive and disseminate financial reports	2004
The Netherlands	荷兰水管理局	Vario us regulatory filings	2004
USA	证券交易委员会	Encourages voluntary filing of reports	2004
United Kingdom	英国税务	Accepts company tax accounts and computations	2005
Ireland	中央统计局	Quarterly industry surveys	2005
USA	联邦金融机构审查委员会（联邦存款保险公司，英国，与协调中心）	Submission of Call Reports	2005
Spain	西班牙证券交易所	Financial reporting	2005
Spain	西班牙银行	Receipt of financial information	2005
The Netherlands	荷兰税务局	Receiving corporate tax documents	2005
Belgium	银行，金融及保险委员会	Prudential reporting	2006
China	上海证券交易所	Half - year reporting	2006
China	深圳证券交易所	Half - year reporting	2006
Japan	日本银行	Receiving monthly financial reports	2006
Singapore	会计及公司管理局	Corporate financial reporting	2006
USA	证券交易委员会	Offers incentives to companies to file in XBRL format	2006
Belgium	中央资产负债表办公室	Receiving corporate filings	2007

(3) XBRL在中国的发展历程。

在中国，XBRL最早在证券行业得到推广和应用，证监会早在2002年5月就开始制订《上市公司信息披露电子化规范》工作。全国金融标准化技术委员会于2003年年底审批通过了该规范。2005年3月25日证监会颁布实施了包括《证券交易数据交换协议》和《上市公司信息披露电子化规范》在内的8个证券期货行业标准，其中上报国家金融标准化委员会的《上市公司信息披露电子化规范》定义了工业企业的财务报表科目的分类标准，但对金融企业、房地产等其他行业还没有制定出对应的Taxonomy。2006年2月，证监会信息中心、保监会信息中心、中国人民银行征信管理局、中科院研究生院金融科技研究中心和上海证券交易所联合发起成立“XBRL中国地区组织促进会”，同时在财政部有关领导的指导和支持下，开始“XBRL中国地区组织”的筹备工作。2007年9月，通过促进会不断的努力，以财政部会计准则委的名义向XBRL国际组织提出申请，并在11月得到正式批复。2007年12月3日，XBRL国际组织宣布：XBRL China－中国地区组织正式成立。2010年5月6日，XBRL中国地区组织作为正式地区组织成员得到XBRL国际组织批准，成为XBRL国际组织全球联盟的一个地区组织成员。作为新加入的地区组织成员，XBRL中国地区组织将在推动XBRL的采用，鼓励XBRL技术研究上进入一个新的时期。2010年10月18日，国家标准委和财政部联合发布《可扩展商业报告语言（XBRL）技术规范》系列国家标准。计划自2011年1月1日起，要求在纽约证券交易所上市的境内部分公司和部分证券期货资格会计师事务所实施该系列标准，并鼓励其他上市公司提前应用。这一系列行为为构建科学完善的会计信息化标准体系打下良好的基础。

自Hoffman（1998）提出XBRL以来，XBRL因其处理问题的高效性，尤其是对非结构性语言的处理优势，被认为是继条形码、电子数据交换（EDI）和射频技术（RFID）之后又一大技术突破。

6.2 XBRL 产生的理论基础研究

XBRL 是信息技术在财务报告领域中的应用，其利用的是信息技术来解决财务中的问题，因此 XBRL 是以会计理论为基础，建立在会计环境论假设基础上，以计算机技术理论和财务呈报理论为契机，采用规范和实证设计思维相结合，对企业的所有者、投资者、潜在投资者、公司监管者等非特定对象提供及时、充分及有效信息披露的一种财务报告语言。

6.2.1 XBRL 产生的理论基础研究——会计理论角度

关于会计理论的研究，Littleton（1953）认为："会计理论通过为在会计中清晰地思维提供帮助来证实其自身存在的合理性。……会计理论的职责是对信念和惯例加以批评性分析，阐明经验与推广最佳经验，并引导对会计工作的起源和结果的直接关注。" Hendriksen（1965）认为："会计理论也可被用来解释现存的实务以便加深对这些实务的理解。但是，会计理论最重要的目标应当是提供构成关于评价和发展会计实务的一般框架的一系列首尾一致的逻辑原理"。瓦茨和齐默尔曼（Watts & Zimmerman，1986）从会计理论的目标角度认为会计理论是为观察到的会计现象提供解释的理由，而对未观测到的会计现象进行观测。而未观察到的会计现象包含未来现象和已经发生，但却由于缺乏相应的技术而未能从数据中抽取出来的会计现象。由此可见，瓦茨和齐默尔曼认为对数据的收集和处理在会计理论研究中非常重要。上述会计学家对会计理论的不同定义，反映了会计研究的发展，特别是研究方法的发展。对这些定义分析，可以得到如下结论：会计理论是一个发展的概念，它因对会计实务的认识角度、深度、全面程度和方法等方面的不同而得出不同的定义。会计理论的定义不是一成不变的，随着会计所处的环境及实务的演进而发生变化，并且会计理论与其他学科的发展以及研究方法的进步密切相关。但是，会计理论的研究不能离开会计实践。而从目前会计实践来看，会计实践经历了手工会计到信息化会计的转换，会计处理工具与处理程序已经发生了很大的转变，因此会计理论研究也应相应发展。

关于会计理论研究的逻辑起点，目前存在两种观点：一种认为会计理论的研究应当以会计环境为逻辑起点，另一种认为会计理论研究应该以会计目标为逻辑起点，也就是会计环境论和会计目标论。由于两者都有自己的理论研究体系，因此都具有一定的说服力，因此又出现了第三种观点，即会计环境与会计目标结合论。但从三种观点来看，相对而言，会计目标论存在更多争议。其衍生出来的决策有用观和经管责任观相互争辩、相持不下。会计环境论在北美颇有市场，会计目标论在西欧一些国家有着悠久的传统。然而从会计发展历程来看，自 1911 年“科学管理之父”泰勒发表《科学管理原理》以来，一系列管理理念、技术被引入会计领域，标准成本、预算控制等方法应运而生，“管理会计”也作为一门独立的分支从财务会计中分离出来。世界经济一体化，各国相继颁布新的会计准则体系，与国际会计接轨，实现与国际会计的实质性趋同。由此可以看出，会计所处的环境是会计理论研究的前提条件。

20 世纪 40 年代初期，由于计算机系统还没有出现，人们为了解决库存管理问题，会计人员提出了订货点法。1937 ~ 1941 年开发了世界上第一台电子计算机，1946 年第一台应用的电子计算机问世。1959 年 12 月出现了第一个 COBOL 语言文本，并于 1960 年 4 月正式发表，因此也被称为 COBOL – 60。COBOL 的出现拉近了会计与信息技术的关系。随着计算机技术的发展，利用计算机可以在短时间内进行大量复杂数据的运算。为解决订货点法的缺陷，结合库存订货计划管理理念，提出了物料需求计划阶段（material requirements planning, MRP），即基本 MRP 阶段。随着计算机局域网技术的普及和应用，20 世纪 70 年代出现了丰田看板管理生产方式、TQC（全面质量管理）、JIT（准时制生产）以及数控机床等先进管理理念。为解决采购、库存、生产、销售的管理，发展了生产能力需求计划、车间作业计划以及采购作业计划理论，出现了集成财务系统与制造业务流程系统的闭环 MRP（closed - loop MRP）。80 年代随着计算机网络技术与数据库管理技术及管理理念的进一步完善发展出现了 MRPⅡ，企业充分共享内部信息，统一了 MRP 的各子系统，形成了一个集采购、库存、生产、销售、财务、工程技术等为一体的系统。这一阶段的代表技术是 CIMS（计算机集成制造系统）。90 年代，市场竞争的进一步加剧，企业竞争范围与空间的进一步扩大，企业不再是单一个体，战略同盟及战略伙伴关系的管理理念出现，怎样有效利用和管理整体资源的管理思想引起管理者们高度重视。美国加特纳公司（Gartner Group Inc）根据当前的计算机技术和供需链管理理念，推出了企业资源计划（enterprise resources planning, ERP）。由此发展历程可以看出，在信息技术环境下，会计理论与实践也在不断发展与创新。

Dos Santos 等（1993）对 97 家公司 1981 ~ 1988 年 IT 信息宣布事件前后进行了研究，发现事件窗口内没有显著异常报酬率，但其中宣布有标示“创新性信息科技投资”（即第一次采用信息科学技术）的公司则有正的异常报酬率，说明投资者将这些 IT 信息的宣布视为竞争性策略，并很有可能在将来产生正向现金流量。Hayes 等（2000）、Hayes 等（2001）、Im 等（2001）、Subramani 和 Walden（2001）也认为，信息科技的投资或采用将对市场产生正向反应，但对于信息技术的投资或采用也存在不同意见。Dos Santos 等（1993）发现关于 IT 投资与市场回应有不确定性。但普遍来看，信息技术的正向反应为主流观点。

6.2.2　XBRL 产生的理论基础研究——计算机理论角度

面向对象理论和图论相结合的面向对象设计思想（object oriented，OO）是当前计算机领域关心的重点，是 20 世纪 90 年代软件开发方法的主流方向。面向对象的程序设计语言必须有描述对象及其相互之间关系的语言成分。这些程序设计语言可以归纳为以下几类：系统中一切皆为对象；对象是属性及其操作的封装体；对象可按其性质划分为类，对象成为类的实例；实例关系和继承关系是对象之间的静态关系；消息传递是对象之间动态联系的唯一形式，也是计算的唯一形式；方法是消息的序列。图论（graph theory）是数学的一个分支。它以图为研究对象。图论中的图是由若干给定的点及连接两点的线所构成的图形，这种图形通常用来描述某些事物之间的某种特定关系，用点代表事物，用连接两点的线表示相应两个事物间具有这种关系。图论是研究由线连接的点集的理论，点集中的点称为顶点，连接某些点对的线称为边。一些由顶点及边构成的图称为线图，线图能简洁地表示出各个领域中“对象—关系”结构复杂而又难懂的概念。面向对象开发方法的研究已日趋成熟，国际上已有不少面向对象产品出现。面向对象开发方法有 Coad 方法、Booch 方法、OMT 方法等。1995 ~ 1997 年统一建模语言（UML）的出现。UML 将是面向对象技术领域内占主导地位的标准建模语言。UML 不仅统一了 Booch、OMT、OOSE、Rumbaugh 和 Jacobson 等所推广的一些建模标准化标记法中的主要功能，而且对其作了进一步发展，最终统一为大众接受的标准建模语言。UML 是一种定义良好、易于表达、功能强大且普遍适用的建模语言。它融入了软件工程领域的新思想、新方法和新技术。它的作用域不限于支持面向对象的分析与设计，还支持从需求分析开始的软件开发全过程。UML 提出以后，得到了软件开发领域各著名厂商的广泛支持，成为业界事实上的标准。UML 主要应用在软件等领域的可视化建模、产品说明和编制文档中。在 UML 中，共定义了 9 种建模图形，每种图形各自定义了一些不同的建模元素，这些建模元素用有向的或无向的线段连接成图形。UML 图形是模型元素集合的可视化表示，UML 定义了 9 种图形，其中，类图表达了面向对象系统分析中的最基本元素——类和类之间联系，而类之间的依赖关系是类之间联系中的最重要、最普遍的一种联系，因此从图论的观点来分析 UML，还原了 UML 的本来面目，更接近事物的本质，如图 6－2 所示。

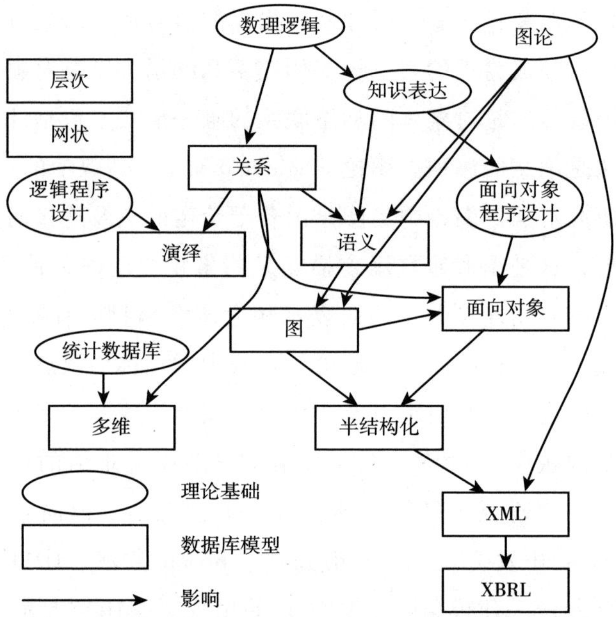

图 6－2　XBRL 数据模型的演化

6.2.3　XBRL 产生的理论基础研究——财务呈报角度

从财务报告的发展来看，我国早在奴隶社会时期的官厅会计时代就出现了文字叙述式财务报告。Luca Paciolio（1494）在《算数·几何·比和比例概要》中发明了复式记账法，也就出现了现代财务报告的雏形。Simon Stevin（1605）把财务报告引入了表式财务报告时期。然而早期的财务报告仅在于保护庄园主财产的安全，都不是出于对外提供财务信息的目的。因此财务报告本身及与其相关的会计原则、会计准则都没有受到公众的关注。19 世纪欧洲工业革命后，股份公司逐渐壮大，资本所有权和经营管理权的分离，从而使财务会计信息开始出现外部需求。英国 19 世纪的《公司法》明文要求股份公司必须对外提供真实的财务报告——资产负债表和利润表。1963 年美国会计原则委员会发布了《第三号意见书》要求企业提供“资金表”（后来称为“现金流量表”）。财务报表出了资产负债表、利润表和现金流量表三张基本报表的格局。20 世纪 90 年代，随着利润表的逐步完善和改进，所有者权益变动表应运而生。[①]

1975 年，英国会计准则指导委员会（ASSC）对财务会计报告的目标提出异议。1991 年，英国发布《未来财务报告的模式》认为当时财务报告的计量较为单一，主要基于原始成本或历史成本，从而提出多重计量的想法，同时认为财务报告太注重过去的业绩和财务状况的报告，预测性不够。20 世纪 70 年代，D. A. Corbin 认为传统财务报表无论在资产和负债的确认、计量上均带有很多估计和计价方法的选择，从而易导致财务报表失真及财务报表失去可比性。Goetz（1939）提出全面会计记录思想，认为应该客观、全面地记录企业发生的交易。根据法律与会计原则所做的会计调整只能作为会计记录的补充，而不应该喧宾夺主。即会计人员没有权力替代信息需求者做出选择。Ijiri（1966）提出了“多维会计”理论，为满足不同使用者信息需求而提供具有多种属性特征的会计信息。George H. Sorter 在 Goetz 和Ijiri 的理论基础上于 1969 年在“*An 'Events' Approach to Basic Accounting Theory*”中正式提出“事项法会计理论”。从而开创了认识财务报告的一种新视野。为了与“事项法”相对应，Sorter 将传统的会计称为“价值法”会计，并认为该方法的前提假设是“会计信息用户的需求

① 刘永泽，傅荣，梁爽．财务呈报研究［M］．大连：东北财经大学出版社，2009.

是已知的并能够充分且明确被说明，因此可以通过会计业务处理，为用户的决策模型产生最优的输入”。Izak Benbasat 和 Albert S. Dexter（1979）认为“事项法”会计建立在完全不同的假设基础上，即“会计人员可能对决策者如何使用信息一无所知，会计的目的是为不同的可能决策模型提供可能相关的经济事项信息，而不是直接为不可知或假设知道的决策模型提供价值输入”。从上述分析，我们可以看出，这两种会计理论其前提假设都过于极端。在早期会计理论研究中，价值法会计理论起到了非常重要的作用。马克斯·韦伯认为“资本主义本质是理性获利”，而“理性获利过程和行为是靠会计来调节的”。霍斯金与迈克夫认为，会计的本质是试图为现代市场经济建立一个公正、公平的资源配置和运作的考试制度。井夙雄治（1975）在《会计计量理论》一书中阐明了基本观点：会计是便于协调各利益集团之间财产经管责任的系统。夏思·桑德教授（1997）在《会计与控制理论》一书中阐明了自己的观点，认为会计本质，从微观角度看会计保证组织契约的实施和推行。然而随着以微电子技术、光电子技术、计算机技术、网络技术、软件开发技术和通信技术为核心的高科技技术的发展。可以把分处异地的许多用户之间的信息通过一个转接网，控制在一个系统内，形成互联网络，从而为高效能、大容量地收集、处理、存贮信息提供了可能。随着长期的管理实践，不断涌现出新的科学管理方法和管理理论，使管理更加科学、更加有效。人们对会计信息的质量要求也日益提高，会计信息技术与科学管理方法的不同涌现，对会计环境发生了改变。

Stocks 和 Tuttle（1998）、Tuttle 和 Burton（1999）、Bainbridge（2002）、Korobkin 和 Ulen（2003）、王雄元等（2003）证明海量的财务信息不仅会耗费阅读者大量时间，增加阅读成本，甚至会干扰或降低决策的精确度。由此，面对信息不断膨胀的难题，大家急需一种新的财务报告模式。采用 XBRL 后，管理者在财务报告中披露的信息将更加透明，即使管理者试图通过披露形式的不同来掩饰某些财务信息，使用者也可以通过 XBRL 在短时间来搜寻到这些信息。即使两家公司对相同业务采用不同的财务政策，使用者也能轻易获悉。财务报告是基于报告需求者博弈均衡的一种结果。需求者所需要的一般性信息是基于用户的重要性来进行排序，排序在前的用户的需要构成了共同需要的大部分内容，由此而构建了通用财务报告的概念，现行会计理论认为，信息的“通用性”是由报告的用户决定的，而且主要是由那些排序在前的用户所决定的。美国《财务会计概念公告》认为用户按重要性排序分为：投资者和潜在投资者、贷款者和潜在贷款者、管理当局、董事、顾客、职工、财务分析和咨询人员、经纪人、证券承揽人、证券交易所、律师、税务机关、管辖机构、立法者、工会等。我国财政部发布的《企业会计准则——基本准则》（2007 年 1 月实施）也对财务报告的使用者进行了罗列：财务会计报告使用者包括投资者、债权人、政府及其有关部门和社会公众等”。XBRL 包括以下使用对象：（1）企业管理层。在企业管理中，企业管理层可以通过 XBRL 迅速地收集并分析各部门以及相关公司的财务状况，同时可以将自身财务信息迅速地发布，以获得市场的支持；在会计、审计中，XBRL 可以改进财务报表的制作和核查过程。（2）信用评级机构。在企业信用等级评估上，通过 XBRL 可以更快地获得相关进货商、销售商以及融资机构的信用等级状况。（3）投资者。在证券市场上，投资者可以通过 XBRL 更快、更准、更方便地获得企业的财务信息。（4）其他利益相关者。在贸易与纳税上，XBRL 可以实现更多信息与文件的无纸化。

6.3　XBRL FR 框架结构研究

XBRL 定义了一种语法规则，通过这种语法规则从而使事实（fact）以概念（concept）的值的形式表现出来。而在这些概念在特定的背景环境下，具有通用而精确的定义。XBRL 架构将业务报告信息分为两部分：一部分主要是表达事实概念的分类标准；另一部分则是包括财务信息的具体事实的实例文档。XBRL 实例文档中封装了具体的商业事实，反映了经济业务的具体事项。事实是 XBRL 实例文档最基本的单位。它是由条目（item）与元组（tuple）两类单元表示。其中简单没有复杂信息结构的事实称为条目。元组则是为了表达较复杂信息结构的单元，把一组相关联的事实放到一起，用相对复杂的结构来表示。元组中可以包含条目，也可以嵌套其他的元组。实例只是用来表示报表中具体事实。但是这些具体事实的语言规范、形式和属性如何，则是由分类标准来定义的。XBRL 分类标准是 XBRL 技术的核心部分，是对具体事实所依附的抽象概念的定义，包括它的语法、形式以及属性。由于这些语法规则的存在，也使相应的开发软件能够有效可靠地找到和解析这些事实。在分类标准中应该定义财务报告信息中各项财务报告元素，及在财务报告附注中附加上其他的相关信息。并应在分类标准中反映各个元素之间的关联关系，以及反映报送的报告中各个元素展现的名称、位置及制作财务报告所依据的会计准则。分类标准包括两个部分：分类模式和分类链接库。一个分类标准中必须包含分类模式 Schema，分类模式类似于一个结构化的会计词典。具体而言，一个 XBRL 分类标准由一个 XML schema 以及在该 schema 内部包含的或由该 schema 直接引用的全部链接库组成。分类标准中的链接库是通过表达概念内部的关系以及概念和它们文档之间的关联关系而进一步表达概念的含意。链接库是扩展链接的集合。链接库文件中使用了 XML 中的两种技术：一种是 Xlink，通过这种技术在 XML 文档间进行定位，建立超链接；另一种是 XPointing，通过这种技术在 XML 和 XBRL 文档内部进行定位。在分类标准中有五种扩展链接用来说明概念，分别为 definition、calculation、presentation、label 和 reference 链接库。前面三种类型表达概念之间内部的关系，后两种则是用来表达概念和文档间的关联关系。在分类标准核心模式文件中声明了一系列元素，包括元素名、ID 属性、元素类型等内容，在五个数据库链接文件中描述了元素与元素之间的计算和定义关系，对每一个数据都可以通过“语境标签、计算关系、表现形式、规则定义、参考关系”进行约束和规范。标签数据库链接文件确定了元素在财务报告中实际显示的名称；计算数据库链接文件定义从数据计算角度理解元素与元素之间的关系；展示数据库链接文件定义在财务报告中所有元素的显示层次及相同层次下各元素之间的展示顺序。定义数据库链接文件从概念角度理解元素与元素之间的泛型和具化之类的关系；参考数据库链接文件定义元素的参考信息，通过该信息可以让使用者准确理解元素的实际意义和权威出处。

实例文件包含分类信息（taxonomy）中规定的元素外，还包括关于单位定义和上下文定义的元素。单位定义元素主要定义数据元素的单位（如元、千元、股等），上下文元素定义数据元素的上下文（如报表年度、报表类型等）。我国上证所上市公司实例文档的命名规则为：CN_SH_〈公司代码〉_〈公告分类编码〉_〈公告编号〉_〈提交日期〉，深交所上市公司实例文件的命名的规则为：CN_SZ_〈公司代码〉_〈公告分类编码〉_〈公告编号〉_〈提交日期〉。一个 XBRL 实例文档能够由不止一个分类标准来支持，并且分类标准之间也可以以不同的方式相互链接、扩展和修改。通常，在解释 XBRL 实例文档时需要综合考虑多个相关的分类标准。这些相互关联的分类标准的集合被称为可发现分类集（discoverable taxonomy set，DTS）。DTS 是分类模式和链接库的集合。在 DTS 中至少有一个 Taxonomy Schema 引用了 xbrl－instance－2003－07－31. xsd 规范模式。在“美国工商业财务报 DTS”中，包括美国工商业（C&I）的公司需要遵守的通用会计准则（generally accepted accounting principles，GAAP）中所有财务概念，如果某主体发现一新财务概念不同于 GAAP 中的概念时，主体可以设置新概念，并把该新概念与 GAAP 中的概念关联起来，从而形成主体特有的分类标准。这时主体的实例文档中通过 schemaRef 元素指向主体分类标准，主体实例文档将以 schemaRef 元素来搜寻支持 XBRL 实例文档的 DTS。同时主体分类标准中包含一个指向它的链接库的 linkbaseRef 元素。这些链接库中包含一个链接库指向 US GAAP C&I 分类标准中的 loc 元素。包含有该元素的分类标准又指向 US GAAP C&I DTS 中的其他分类。根据这个发现过程，所有必需的分类标准都将被发现，最终组成一个包含 US GAAP C&I DTS 和主体自定义分类的 DTS。DTS 是一个非常重要的发现集，这意味每个国家、每一个行业、每个企业都可以建立自己的分类标准，而这些分类标准都可以共享，供其他企业采用或引用，规则集将无限放大。

综上所述，可以看出上市公司的财务报告首先通过 XBRL 的标识工具，以 XBRL 分类标准为基础，对财务报告项目进行标识，从而形成 XBRL 实例文档，实例文档再利用 XBRL 的样式表文件转换成 HTML 等文档以供信息使用者分析决策，如图 6－3 所示。

图 6－3 财务报告的转换过程

6.3.1 XBRL 技术整体框架研究

从图 6－4 可以看出，XBRL 文档包括 XBRL 技术规范文档、XBRL 分类标准分档和 XBRL 实例文档。其中，XBRL 技术规范文档的创建是由 XBRL 国际委员会负责，对于一个具体国家而言主要需要考虑的是分类标准文档和实例文档。“分类标准”英文词为 taxonomy，来源于古希腊语，意思是“结构化的字典”，一个分类标准可以被认为是“一个与主题相关的区分不同类别的系统”。[①] 分类标准框架是根据某一主题设置概念体系结构，并构建概念与概念之间关系的

① 金海，袁平鹏著．语义网数据管理技术及应用［M］．北京：科学出版社，2010.

集合。分类标准框架并不定义这些概念，财政部会计准则委员会及其他标准组织定义这些概念。分类标准框架建立的基础是各个公司所使用的真实财务报告和披露列表。简单来说就是包含与某一主题相关的所有术语的结构化的字典。而结构化是区分于非结构化而言。这意味着这些术语之间是具有一定的逻辑结构，相互之间是通过一定的关联关系组合而成。XBRL 分类标准是关于商务报告语言的分类标准，其所包含的术语主要就是与商务报告相关联。财务报告是属于商务报告的一部分，所有与财务报告有关的术语都将包含在 XBRL 分类标准中。分类标准文档是所有 XBRL 的核心，是各个国家或各个行业全部商务法律法规及准则制度的合计。Taxonomies 是电子的，机器可读的“字典”。Taxonomy 的目的是为让计算机能读懂实例文档的事实值。然后让数据准备者把财务报告上的每一个数据与 Taxonomy 上的条目进行配比，从而影射形成 XBRL 代码化的财务报告。Taxonomy 由 Taxonomy Schema 和一系列的 linkbases 组成，任何国家和行业可以开发自己的 Taxonomies 并且有他们自己的认证，一个组织或企业也可通过采用或扩展已认证的 Taxonomy 开发自己的 Taxonomy，企业可以通过重标签、重新排列条目和创造新条目来对 XBRL Taxonomy 进行扩展。微软就根据自己报送文件的特点采用 US GAAP 工商业 taxonomies 开发了自己的 taxonomy，并在此基础上增加了大约 500 个元数据。

6.3.1.1　XBRL Specification 研究

XBRL Specification 2.1 由 XBRL 国际委员会创建，包括四个 XML 模式文件：xlink - 2003 - 12 - 31. xsd、xl - 2003 - 12 - 31. xsd、xbrl - linkbase - 2003 - 12 - 31. xsd、xbrl - instance - 2003 - 12 - 31. xsd。四个 XML 模式文件的含义分别为：（1）xlink - 2003 - 12 - 31. xsd，W3C 文件，XML 规范中的 xlink 技术文件，定义 xlink 的十大属性、最基本 XML 语义标签以及基础的数据类型，如各种链接类型等；该文件的目标命名空间为 http：//www. w3. org/1999/xlink，在被其他文件引用时，

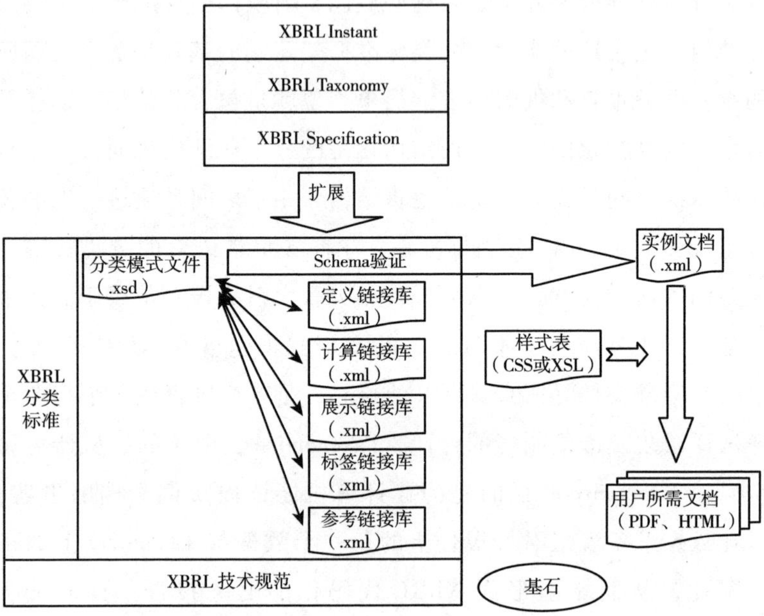

图 6－4　XBRL 技术框架

一般设定该文件的命名空间前缀为 xlink，该文档定义了四种简单类型、10 种属性及 6 种属性值。(2) xbrl－instance－2003－12－31. xsd：XBRL 规范中关于实例文档格式验证的技术文件，规范 taxonomy 及 instance 的结构，定义了分类文件需要的数据项（item）、元组（tuple）等元素，同时也定义了实例文档和涉及的语境（context）、计量单位（unit）等元素及其属性，该文件的目标命名空间为 http：//www. xbrl. org/2003/instance，其前缀为 xbrli。(3) xl－2003－12－31. xsd，XBRL 规范中定义链接库相关的技术文件，根据 W3C 的 xlink 定义链接库使用的基本元素，该文件的目标命名空间为 http：//www. xbrl. org/2003/xlink，其命名空间前缀一般定义为 xl。(4) xbrl－linkbase－2003－12－31. xsd：XBRL 规范中关于链接库的技术文件，用于规范链接库的结构，包括链接库用到的定义和属性。该文件的目标命名空间为 http：//xbrl. org/2003/linkbase，相应的命名空间前缀是 link。XBRL Specification 2. 1 中四个 XML 模式文件之间的关系如图 6 - 5 所示。

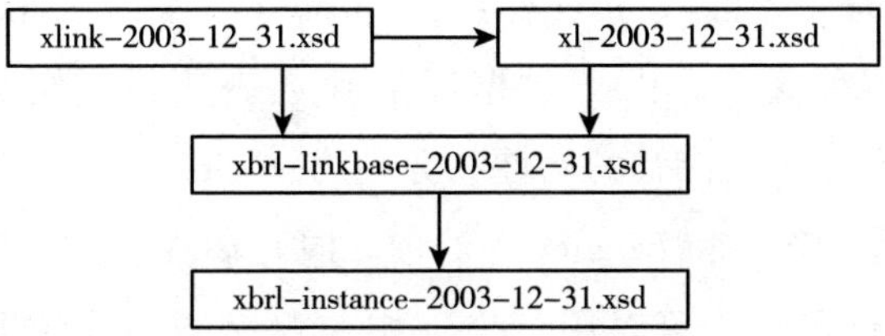

图 6 - 5　Specification 2. 1 文件关系

6. 3. 1. 2　XBRL Taxonomy 研究

XBRL 分类标准是由一个 Taxonomy Schema 核心模式文件和计算、定义、标签、展示、引用五个数据库链接文件组成。在分类标准核心模式文件中声明了一系列元素，包括元素名、ID 属性、元素类型等内容，在五个数据库链接文件中描述了元素与元素之间的计算和定义关系，对每一个数据都可以通过“语境标签、计算关系、表现形式、规则定义、参考关系”进行约束和规范。标签数据库链接文件确定了元素在财务报告中实际显示的名称；计算数据库链接文件定义从数据计算角度理解元素与元素之间的关系；展示数据库链接文件定义在财务报告中所有元素的显示层次及相同层次下各元素之间的展示顺序。定义数据库链接文件从概念角度理解元素与元素之间的泛型和具化之类的关系；参考数据库链接文件定义元素的参考信息，通过该信息可以让使用者准确理解元素的实际意义和权威出处。XBRL 在模式文档中对概念进行定义，把概念分为数据项（item）和元组（tuple）两类。数据项反映某一经济实体在特定时点或某个时期内的某种客观发生的经济事实，是能单独表示财务信息含义的一类财务元数据。元组则需要几个元素组合起来才能表达一个完整财务信息含义的元素。元组一般由多个数据项、多个元组或数据项与元组组合而成。数据项与元组元素的定义都是以 element 元素来表示，它们之间的区别主要表现在数据项的 substitution Group 属性为“xbrli：item”，而元组的

substitution Group 属性为“xbrli：tuple”。在模式文档中，数据项与元组都共有 name（名称）、id（标识）、abstract（抽象）和 nillabel（是否可为空）四种属性。由于数据项能独自表达一类财务信息含义，因此数据项还有三项特有的属性，分别为：period Type（时间类型）、type（数据项类型）和 balance（借贷方向）属性。

（1）name 属性。可以用英文、中文汉字或者中文拼音来设置，它反映的是财务概念在模式文档中的名称。上海证券交易所的分类标准元素命名即为了遵循 LC3 的“骆驼拼写法”，又为了便于我国财务人员理解该名字，name 属性取值采用了中文拼音。而深交所则直接采用了汉字来作为元素名称。

（2）id 属性。按照 XBRL 国际组织在 FRTA 1.0 文件中推荐，一般采用“命名空间前缀 + _ + 元素”组成，用来将每一个财务信息元素与其他财务信息元素区分开来。

（3）abstract 属性。只能在 true 和 false 中进行选择，一般具体元素选择 false，用于披露具体事实。而抽象元素选用 false，主要用于表示组织结构关系。

（4）nillabel 属性。也只能在 true 和 false 中选择，用于指定是否可以以显式的方式将空值赋予元素。为 true 则能为显式赋予其空值。

（5）substitutionGroup 属性。只能在“xbrli：item”和“xbrli：tuple”中选择，若选前者则表示为数据项，若选后者则表示为元组。

（6）periodType 属性。只能选择“instant”或“duration”两种值，若选择前者则表示是时点数，若选择后者则表示时期数。

（7）balance 属性。只能选择“debit”或“credit”两种值，若选择前者则表示该财务信息元数据的正常余额方向在借方，若选择后者则反映该财务信息元数据的正常余额方向在贷方。

（8）type 属性。出于完备性考虑，XBRL 数据类型几乎覆盖了 XML 模式内置的所有数据类型，如图 6-6 所示。XBRL 除了包括所有 XML Schema 植入的类型外，还延伸包括商务信息报告领域相关类型，如 monetary Item Type、shares Item Type、pure Item Type 和 fraction Item Type 等各种从数值型衍生出来 XBRL 所特有的数据类型。由于 XBRL 的可扩展性，数据类型还可进一步扩展（数据项与元组条目的设计示例可见附录 1）。

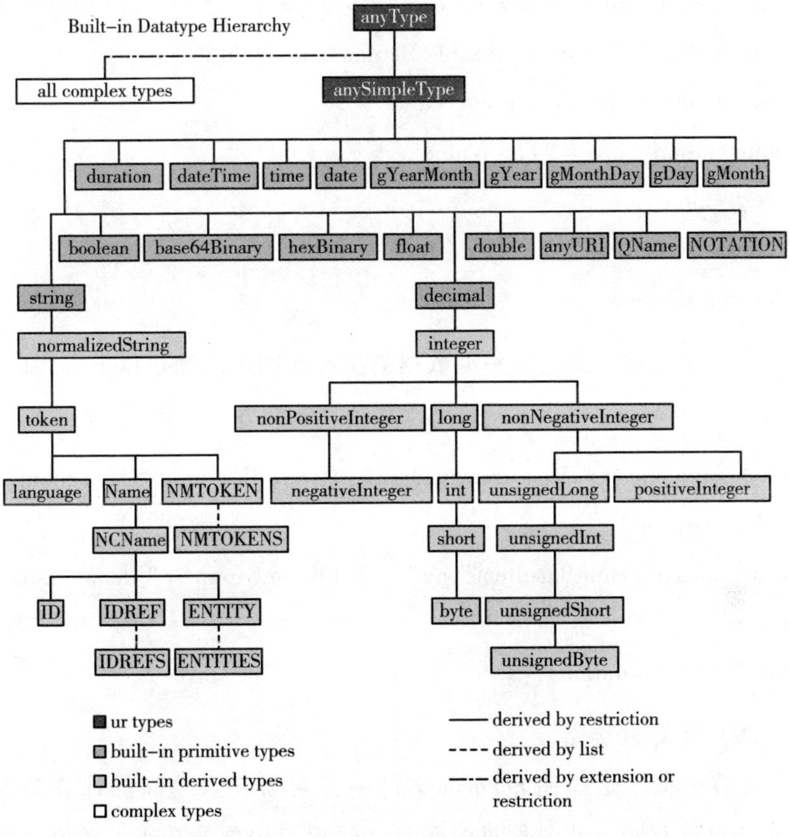

图 6－6　XML 内置数据类型

注：http：//www. w3. org/TR/2004/REC－xmlschema－2－20041028/datatypes. html。

XBRL 除了如图 6－6 所示的数据类型外，其实还可以在图 6－6 的数据类型基础上，扩展其他新的数据类型，例如，如果要把计量属性定义为新的数据类型，则可以通过扩展 tokenItemType 数据类型来设定枚举类型，以限制数据类型的随意性。如下所示：

```
< complex Type name = " measurementBaseItemType" >
< simpleContent >
< restriction base = " xbrli:tokenItemType" >
< enumeration value = " Historical Cost"/ >
< enumeration value = " Current Cost"/ >
< enumeration value = " Realizable Settlement  Value"/ >
< enumeration value = " Present Value"/ >
< enumeration value = " Fair Value"/ >
< /restriction >
< /simpleContent >
< /complexType >
```

当设定了这一新的枚举型数据类型后，则可以通过以下方式应用该类型：

```
< element name = " MeasurementBaseForGoodwill" id = " Measurement-
BaseForGoodwill"
type = " measurementBaseItemType" substitutionGroup = " item" nillable
 = " true"
periodType = " duration"/ >
```

（9）计算链接库。

计算链接库是描述 Schema 文件中元素与元素之间的计算关系，特别是为具有同一背景信息的元素之间规定加总关系或求净值关系。在 XBRL – IFRS 分类标准文件结构中，计算链接库的文件夹名为{ias|ifrs|sic|ifric}_{“number”}_YYYY – MM – DD，其文件名为 cal_{ias|ifrs|sic|ifric} – {“number”}_YYYY_MM_DD_role – {unique role number”}. xml。计算链接库利用 calaulationArc 元素，采用 xlink：arcrole 的属性值 summation – item 及 order =“ ** ” 来完成计算操作。利用 xlink：from 来表示 summation 方；利用 xlink：to 表示 item 方。计算链

接库运行原理如图 6 – 7 所示（计算链接库的示例片段可见附录 2）。

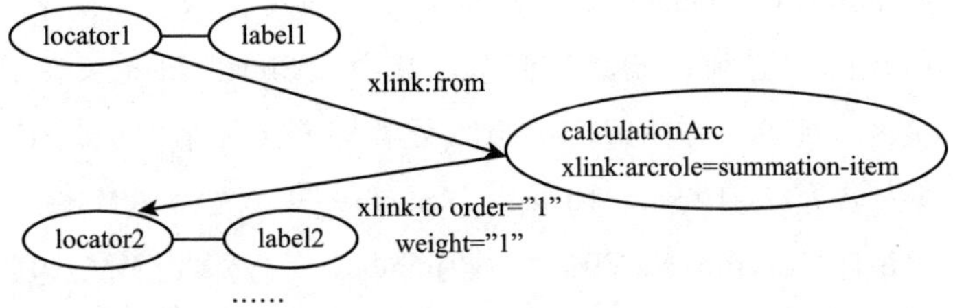

图 6 – 7　计算链接库运行原理

（10）展示链接库。

展示链接库是存储 Schema 元素中元素之间的信息，将元素组织成适合表达层级关系的结构，并支持以表格、报表和其他形式表示业务报告，在 XBRL – IFRS 分类标准文件结构中，展示链接库的文件夹名为{ias|ifrs|sic|ifric}_{"number"}_YYYY – MM – DD，其文件名为 pre_{ias|ifrs|sic|ifric} – {"number"}_YYYY_MM_DD_role – {unique role number"}.xml，展示链接库利用 presentationArc 元素，采用 xlink：arcrole 的属性值 parent – child 等来表示展示方式。其中，xlink：from 来表示 parent 方，xlink：to 表示 child 方。展示链接库运行原理如图 6 – 8 所示（展示链接库的示例片段可见附录 3）。

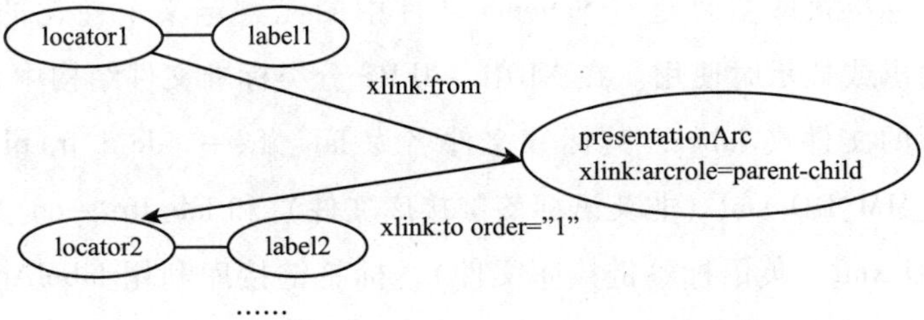

图 6 – 8　展示链接库运行原理

（11）定义链接库。

定义链接库是描述 Schema 文档中元素之间不同的层次关系，以及为元素定义新的链接关系。定义链接库利用 definitionArc 元素，采

用 xlink：arcrole 的属性值 general - special；essence - alias；similar - tuplest 和 requires - element 来分别表示"一般—特殊""本名—别名""相似—元组""必须—元素"概念。其中，xlink：from 来表示前者，xlink：to 表示后者。在 XBRL - IFRS 分类标准文件结构中，定义链接库的文件夹名为{ias|ifrs|sic|ifric}_{"number"}_YYYY - MM - DD，其文件名为 def_{ias|ifrs|sic|ifric} - {"number"}_YYYY_MM_DD_role - {unique role number"}. xml，定义链接库运行原理如图 6 - 9 所示（定义链接库的示例片段可见附录 4）。

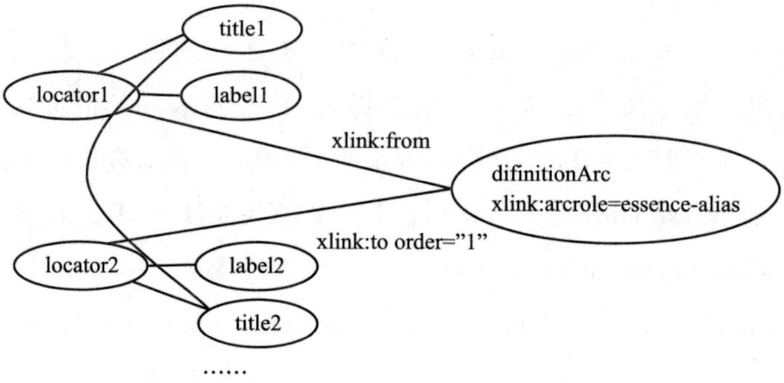

图 6 - 9　定义链接库运行原理

（12）标签链接库。

标签链接库主要是对 Schema 文件中的元素定义个性化的标签，以便输出或显示时使用。在 XBRL - IFRS 分类标准文件结构中，标签链接库的文件夹 label，其标签文件名为 lab_ifrs - {de | fr|pl|…}_YYYY_MM_DD. xml（非英语标签链接库文件）和 lab_ifrs - cn_YYYY_MM_DD. xml（英语标签链接库文件），标签链接库利用 labelArc 元素将定位器元素与标签 1，2，3，……，n 联系起来，声明一个定位器元素，采用 xlink：href 属性值来进行定位。xlink：arcrole 来表示 concept - label（概念—标签）关系。其中，concept 是为机器可读，而 label 是为了人可读。标签链接库运行原理如图 6 - 10 所示（标签链接库的示例片段可见附录 5）。

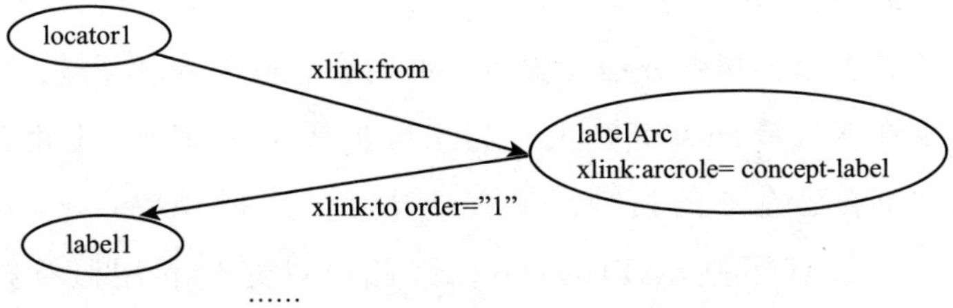

图 6－10　标签链接库运行原理

（13）引用链接库。

引用链接库主要是用来描述 Schema 文档中元素与元素参考信息之间的关系，在该链接库文件中把分类标准中设定的元素与其应遵循的准则与标准连接起来，便于实例文档的创建者与使用者了解各元素的具体含义。在 XBRL－IFRS 分类标准文件结构中，引用链接库的文件夹名为{ias|ifrs|sic|ifric}_{"number"}_YYYY－MM－DD，其文件名为 ref_{ias|ifrs|sic|ifric}－{"number"}_YYYY_MM_DD_role－{unique role number"}. xml，引用链接库利用 referenceArc 元素，采用 xlink：arcrole 的属性值 concept－reference 来分别表示"概念—参考"的概念。其中，xlink：from 来表示前者，xlink：to 表示后者。引用链接库运行原理如图 6－11 所示（引用链接库的示例片段可见附录 6）。

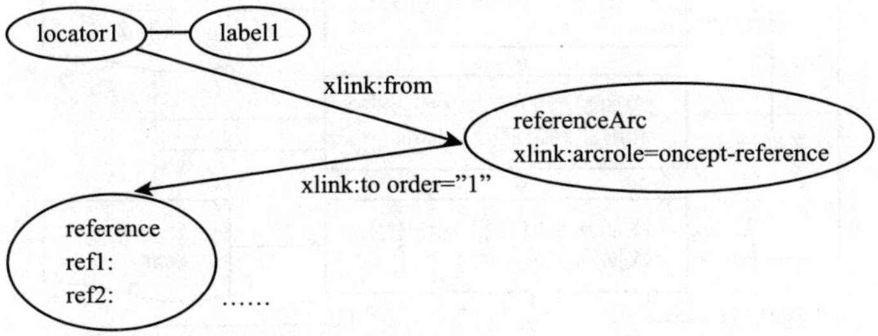

图 6－11　引用链接库运行原理

（14）XBRL 分类标准扩展设计研究。

Cohen（2004）研究发现，尽管 Taxonomy 包含大量数据信息，但也仅仅是对现行所有公司财务报告实践共性的综合，不能满足每一个上市公司的独特财务信息报告需求，必然导致 XBRL 实例文档不能完全反映所有上市公司财务信息报告全部内容。恰巧 XBRL 最大的生命力就体现在 X（eXtensible）上，利用可扩展这一特性，上市公司可以自己根据自己企业的独特情况自己设计自己的 Taxonomy，由于监管机构已经设计了基本 Taxonomy，因此可以充分利用监管机构的 Taxonomy 原型，从而节省大量的设计成本。从图 6－12 可以看出，上市公司要生成自己的实例文档，首先从相关网站下载基本 Taxonomy，然后与自己要报送的财务报告信息进行元素配对映射，如果基本 Taxonomy 能满足上市公司财务信息披露的需要，就可以直接在映射完所有报告元素后，生成实例文档进行报送。但如果不能满足上市公司信息披露的需求，则上市公司要对基本 Taxonomy 进行修正，从而形成上市公司特制的 Taxonomy，然后再与上市公司需披露的财务报告元素进行映射，当映射完后，对所生成的实例文档时行评价，如果通过检验，那么就意味着财务报告实例文档生成工作已经完成。XBRL 扩展分类标准及实例文档生成流程图，如图 6－12 所示。

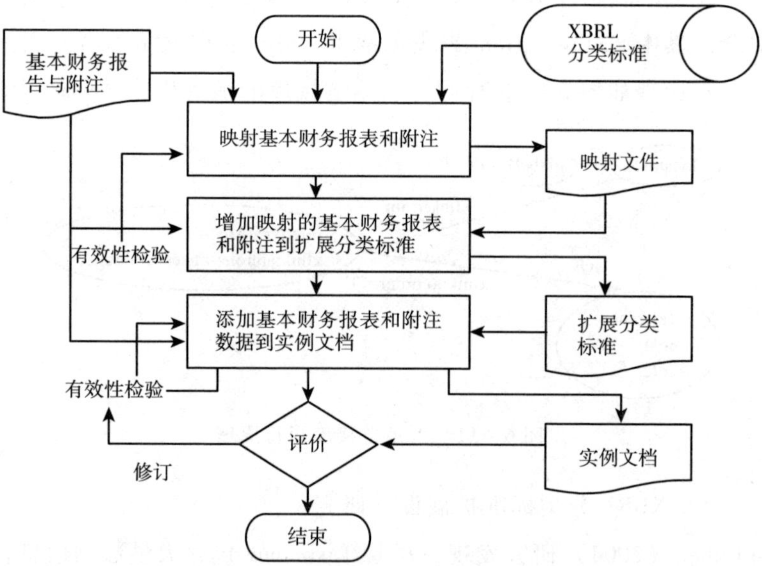

图 6－12　XBRL 扩展分类标准及实例文档生成流程

下面以实例（见图 6－13）来说明扩展链接库设计原理。

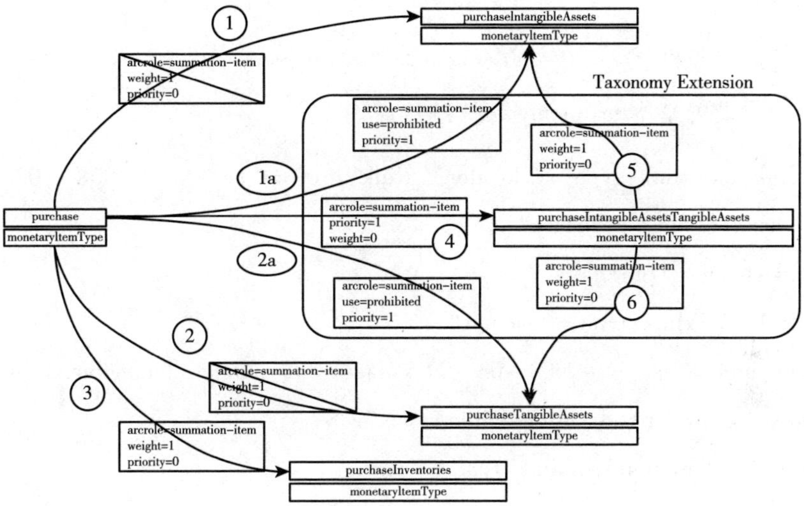

图 6－13　Extension Taxonomy 运行原理

注：参考"*XBRL for Interactive Data*"。

①设置基本 Taxonomy schema（ee－bt－2008－03－09. xsd）。

< xsd：schema targetNamespace = " http://www. xbrl － examples. org/2008/extensionExample/baseTaxonomy"

xmls：ee － bt = " http://www. xbrl － examples. org/2008//extensionExample/baseTaxonomy" >

（……）

<xsd：element name = " purchase" id = " ee － bt_purchase" type = " xbrli：monetaryItemType"

substitutionGroup = " xbrli：item" nillable = " true" xbrli：balance = " debit"

xbrli：periodType = " duration" / >

<xsd：element name = " purchaseTangibleAssets" id = " ee － bt_purchaseTangibleAssets"

type = " xbrli：monetaryItemType" substitutionGroup = " xbrli：item"

```
nillable = "true"  xbrli:balance = "debit"  xbrli:periodType = "duration"/>
(……)
</xsd:schema>
```

②设置基本 taxonomy 计算链接库。

```
<link:loc xlink:type = "locator"  xlink:href = "ee-bt-2008-03-09.xsd#ee-bt-purchase"
xlink:label = "purchase"/>
<link:loc xlink:type = "locator"
xlink:href = "ee-bt-2008-03-09.xsd#ee-bt-purchaseIntangibleAssets"
xlink:label = "purchaseIntangibleAssets"/>
<link:calculationArc xlink:type = "arc"
xlink:arcrole = "http://www.xbrl.org/2003/arcrole/summation-item"
xlink:from = "purchase"
xlink:to = "purchaseIntangibleAssets"  order = "1.0"  weight = "1.0"/>
```

③进行 Taxonomy 扩展，先利用 import 引入基本 Taxonomy，由于扩展 Taxonomy 中对基本元素进行了扩展，因此应该在基本 Taxonomy 中设计新的扩展元素。形成新的扩展 Taxonomy Schema 文件（ee-et-2008-03-09. xsd）。

```
<xsd:schema
targetNamespace = "http://www.xbrl-examples.org/2008/extensionExample/extensionTaxonomy"
xmls:ee-bt = "http://www.xbrl-examples.org/2008//extensionExample/extensionTaxonomy">
<xsd:import
Namespace = "http://www.xbrl-examples.org/2008/extensionExample/baseTaxonomy"
schemaLocation = "ee-bt-2008-03-09.xsd"/>
```

```
<xsd:element name = "purchaseIntangibleAssetsTangibleAssets"
id = "ee - bt_purchaseIntangibleAssetsTangibleAssets" type = "xbrli:mone-
taryItemType" substitutionGroup = "xbrli:item" nillable = "true" xbrli:bal-
ance = "debit"
xbrli:periodType = "duration"/>
</xsd:schema>
```

④再对基本扩展 Taxonomy 计算链接库进行扩展，要扩展该链接库，首先要采用 use = "prohibited" priority = "1" 属性来禁止基本 Taxonomy 计算链接库中的计算关系，然后再按照基本 Taxonomy 计算链接库的设计思路重新设计 Taxonomy 计算链接库的计算关系。

```
<link:loc xlink:type = "locator" xlink:href = "ee - bt - 2008 - 03 -
09. xsd#ee - bt - purchase"
xlink:label = "purchase"/>
<link:loc xlink:type = "locator"
xlink:href = "ee - bt - 2008 - 03 - 09. xsd#ee - bt - purchaseIntangibleAs-
sets"
xlink:label = "purchaseIntangibleAssets"/>
<link:calculationArc xlink:type = "arc"
xlink:arcrole = "http://www. xbrl. org/2003/arcrole/summation - item"
xlink:from = "purchase"
xlink:to = "purchaseIntangibleAssets" use = "prohibited" priority = "1"
order = "1. 0"
weight = "1. 0"/>
```

XBRL 的可扩展性解决了特定公司财务信息披露的问题，但其也留下了一个潜在的隐患，即每个上市公司如果都根据自身的偏好自行在 XBRL 财务报告中添加元素，将会导致企业间的信息缺乏可比性，导致信息的异质性。要解决这一问题其实在中国比较容易实现，因为我国的上市公司的财务信息的披露是由财政部、中国证监会及证券交易所等监管机构强制约束，同时我国的 XBRL 的开发设计也由监管机构统筹开发，因此监管机构可以要求每个企业根据自身偏好特色添加元素的同时，也向分类标准的制定者传递相应的评论资料，由统一的制定机构来确认其元素是否需要添加，或是否需要合并或修改。从而在保证信息同质性的基础上，又可保留个别企业财务报告信息的特殊性。

6.3.1.3 XBRL 实例文档研究

XBRL 实例文档是一个包含公司财务信息的数据文件，其结合分类标准与会计业务数据综合反映企业的财务报告信息，实例文档利用 schemaRef 元素引用模式文档，而在模式文档中封装了各链接库文档，因此引用模式文档的同时也引用了链接库文档。同时在实例文档中，利用 XML 语言的背景元素来实现对不同期间、不同公司中的相同元素进行赋值。在背景元素中包含有 period 子元素、entity 子元素和 scenario 子元素。其中，period 子元素用来表示实例文档的时间，entity 用来表示实例文档的空间，scenario 子元素用来表示实例文档的度量环境。对于包含财务报告信息的实例文档，还离不开计量单位的设置，因此，在实例文档中还有 unit 元素，该元素用于度量数值型数据项（实例文档的示例片段可见附录中的片段 7）。

XBRL 实例文档生成原理图如图 6－14 所示。

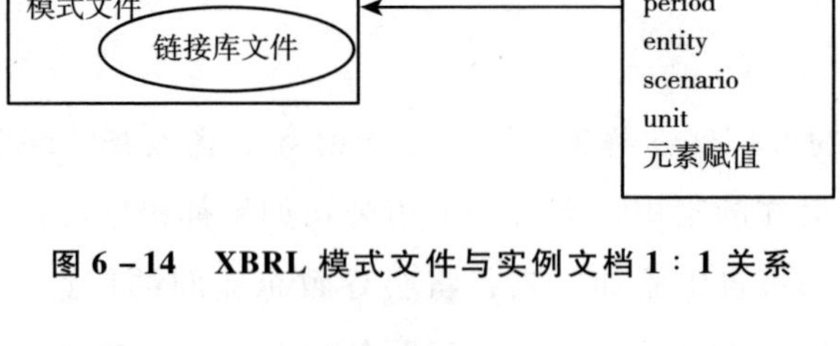

图 6－14　XBRL 模式文件与实例文档 1：1 关系

图 6－14 反映的是一个模式文件与一个实例文档之间的 1∶1 的对应关系，而在实践中大量存在模式文件与实例文档之间 n∶n 的关系，如图 6－15 所示。

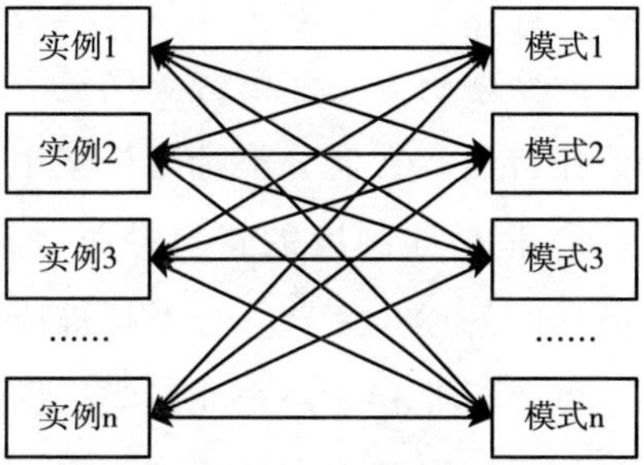

图 6－15　实例文档与模式文件的 n∶n 关系

实例文档与模式文件之间是一种 n∶n 的关系，即一个实例文档可以对应 n 个模式文件，一个模式文件可以对应 n 个实例文档。实例文档是用于反映主体的经济事实，模式文件的主要作用是用以验证实例文件数据的止确性、完整性。确保实例文档的方式与语法分析器相同。也就是说，一个实例文档其数据元可能来自 n 个模式文件，而不是在一个模式文件中定义，而且其元数据可能要遭受 n 个模式文档的检验。从另一个角度来说，由于 XBRL 的标准化设置，信息使用者也可以设计模式文件，以自己设置的模式文档来验证信息报送者的实例文档的准确性及完整性。

6.3.2　当前我国 XBRL 的分类标准研究

（1）分类标准框架研究。

在 XBRL Schema 中储存了关于信息的 Taxonomy 概念的名字、ID 和各种其他特征，由于 XBRL 是关于商务报告的扩展语言，其他包含的概念主要涉及商务或财务报告的概念。在任何 XBRL DTS 中，所有的概念必须是唯一的。然而同一概念可以存在于不同的 Schema 中。

从我国 XBRL 分类标准实务框架来看，上证所分类标准架构分为三个部分：通用非财务类、一般企业财务类、金融财务与非财务类。在通用非财务信息分类文件中，包括全局通用文档、公司基本信息、管理层报告、重大事件和审计报告。一般企业财务类适用于一般企业的财务类信息分类文件，而金融财务与非财务类则进一步细分为银行、保险、证券、基金和信托行业。在此分类标准框架中，非财务信息与财务信息结合，再根据企业会计制度的特点分类为金融企业与一般企业。当然，随着分类标准的逐步完善，分类标准应该再细分为一般企业、金融企业、行政事业行业和中小企业四类。深交所的 XBRL 分类标准整体架构也分为三层：财务报表核心定义层、证券行业应用层和企业扩展层。深交所的分类标准架构则是从核心到扩展。首先，以财政部《企业会计准则》（2006）为核心，从财务报告信息出发，抽取各行业共有的财务信息，再根据行业特点分为一般企业、商业银行、保险公司和证券公司。其次，再结合中国证监会与交易所颁布的一系列有关上市公司信息披露的证券法规、披露准则和格式指引等规范性文件，定义了证券行业非财务信息的分类文件。最后，再由各企业根据自身的需要进行扩展，从而为生成实例文档打下基础。从两个证券交易所各自分类标准框架结构的设计可以看出，上证所从整个上市公司信息披露的法律、法规等规范性文件出发，首先，从整体上把报告信息分为财务信息与非财务信息；其次，把非财务信息分为共有信息、全局通用信息、公司基本信息、审计报告、重大事件和管理层报告；再次，把财务信息分为一般企业财务信息、金融企业财务信息；最后，把金融企业财务信息细分为银行业类、保险业类、证券类业、基金类和信托类。深交所则首先区分财政部发布的《企业会计准则》（2006）和证监会与交易所发布的规范性文件，根据财务性信息与非财务性信息分别区分为财政部下非财务信息—财务共有信息和财务信息—工商业、保险业、银行业及证券业分行业财务信息，以及证监会下的非财务信息—信息披露共有信息和财务信息—按报告类别分为的年度报告、半年度报告及季度报告，最后形成 XBRL 分类标准框架。

XBRL 国际组织（XBRL International, Inc.）制定的 XBRL Specification 2.1、XBRL Dimensions 1.0、XBRL Variables 1.0、XBRL Formula 1.0 和 XBRL Versioning Base 1.0，前四项是根据 XBRL 国际组织正式推荐版本，最后一项是根据其候选推荐（candidate recommendation）版本。2010 年，我国在 XBRL 国际组织推荐版本的基础上，发布了企业会计准则通用分类标准与可扩展商业报告语言（XBRL）技术规范国家标准。该技术规范国家标准共分五部分：第一部分是《可扩展商业报告语言（XBRL）技术规范—基础规范》，该部分是 XBRL 技术的具体规范，从技术层面描述了 XBRL 的框架，并且定义了 XBRL 分类标准和实例文档中使用到的 XBRL 元素概念和属性；第二部分是《可扩展商业报告语言（XBRL）技术规范—维度规范》，该部分从维度角度考虑维度元数据的定义，定义了在 XBRL 实例文档中如何对其进行引用的通用模型；第三部分是《可扩展商业报告语言（XBRL）技术规范—变量规范》，该部分定义了从 XBRL 实例文档和可发现分类标准集中抽取和使用信息的语法规则及事实变量、通用变量和参数声明的语法，是 XBRL 公式规范的基础；第四部分是《可扩展商业报告语言（XBRL）技术规范—公式规范》，该部分从语法角度进行了定义，定义如何以公式的方式进行描述，及如何从 XBRL 实例文档获得信息并产生新 XBRL 事实数据的规则；第五部分是《可扩展商业报告语言（XBRL）技术规范—版本管理规范》，该部分从版本管理角度，定义了 XBRL 分类标准版本管理报告的 XBRL 语法，提供了两个 DTS 之间差异的结构化描述。从上述五部分的层次结构来看，基础规范处于主要地位，是核心部分，而其他四个规范则分别从不同方面对基础规范进行了扩展。这五个规范标准的出台，为我国开发设计 XBRL 相关工具提供了指引标准，进一步促进了我国 XBRL 技术的开发应用。

（2）实例文档报送机研究。

由图 6－16 可以看出上市公司实例文档的报送流程，首先由事务

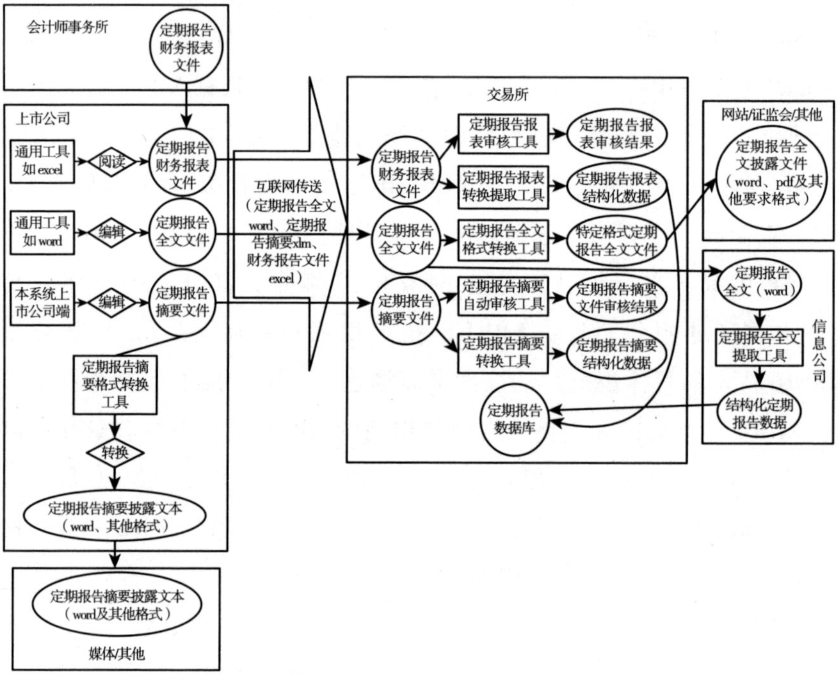

图 6－16　上证所上市公司实例文档报送流程

注：引自 http：//www.sse.com.cn/sseportal/ps/zhs/fwzc/scfw/xbrlfaq.shtml.

所把审计后的财务报告传送回上市公司，上市公司利用上市公司信息披露标准化报送系统制作 XBRL 实例文档，然后通过互联网向交易所提交 XBRL 实例文档，交易所在收到提交的上市公司实例文档，利用交易所设置的模式文档对其完整性和有效性进行检验，如通过，则生成审核报告通知上市公司，最后上市公司就可向外进行实例文档或 word 文档的披露。Mary 在其文章“*six steps to XBRL*”中详细讲述了如何将一个企业的财务报告转化为 XBRL 实例文档，直接以实例文档进行披露。在转化过程中，可以看到企业要把财务报告电子表格中的所有数据项目与选择的行业分类标准或扩展标准进行一一配对。在配

对完成后进行有效性检验，检验通过则生成实例文档。在此过程中，很明显增加了人为操作，这势必加大信息报送者的工作量，并增加了出错的可能性。Ventana Research 公司在其文章《XBRL 报送错误揭示报送自动化需求》中指出，美国证券交易委员会（SEC）XBRL 报告编制自动化蕴含着巨大的市场需求。Ventana Research 公司是以 SEC 工作人员所做的一份观察报告为基础，报告阐述了 SEC 风险、策略与金融创新部工作人员审核 SEC 报告后得出的结论：如果不实现自动化，人们就得改进验证水平，以检测和纠正报送过程中产生的人工错误。

6.4　XBRL GL 分类标准的研究框架

XBRL GL 分类标准是众多 XBRL 分类标准中的一种，它可以展现会计科目表中的所有内容，包括分录信息和交易信息，也包括财务信息和非财务信息。XBRL GL 注重从交易事项中直接收集业务数据。它侧重于规范从交易层面研究会计信息的输入输出格式。根据 XBRL GL 的标准，XBRL GLT 中包括三个层次结构：会计账簿（accountingEntries）、会计分录（entryHeader）和分录明细（entryDetail）。其中，会计账簿为 XBRL GL 的根元素，该层次中的文档信息（Document info）负责描述会计资料的相关分类信息，如账簿种类或记录期间等；会计分录则是集合一系列相关分录明细（entryDetail）的分类信息，如会计事项记录日期或记录人等；分录明细主要由科目（Account）、金额（Amount）等资料所组成的，如科目代码或借贷金额等。

6.4.1　XBRL－GL 的发展历程研究

2002 年 4 月，XBRL 国际组织发布第一个正式版的 XBRL 全球账簿分类标准——XBRL GL 1.0。该版本分类标准建立在 XBRL Specification 2.0 基础上，包含 1 个模式文件、1 个定义链接库、1 个标签链接库和 1 个展现链接库。该版本对应的模式文件是 xbrlgl. xsd。2003 年 9 月，XBRL 国际组织的 GL 工作小组发布了 XBRL GL 1.1。这一版本是建立在 XBRL Specification 2.0a 基础上，在原有设计基础上，扩展了三个模块，分别为 GL - BUS（全球账簿高级商业事实分类标准）、GL - MUC（全球账簿多币种分类标准）和 GL - USK（全球账簿高级英美会计分类标准）。对应的模式文件分别为 gl - cor - 2003 - 08 - 29. xsd、gl - bus - 2003 - 08 - 29. xsd、gl - mus - 2003 - 08 - 29. xsd。2005 年 11 月，XBRL 国际组织发布了 XBRL GL 2005 版备选框架，该框架是建立在 XBRL Specification 2.1 基础上，是一个集合模块框架结构，其结构包括核心模块（core module，COR）、高级商业概念框架（advanced business concepts module，BUS）、多币种模块（multicurrency module，MUC）、英美概念模块（concepts for the US，UK . etc module，USK）以及税务审计文件模块（tax audit file module，TAF）。这些模块分别对应相应的元素声明模式文件（gl - cor - 2005 - 11 - 07. xsd）、（gl - bus - 2005 - 11 - 07. xsd）、（gl - mus - 2005 - 11 - 07. xsd）、（gl - usk - 2005 - 11 - 07. xsd）和（gl - taf - 2005 - 11 - 07. xsd）。而这五个元素声明模式文件都引用一特殊通用模式文件（gl - gen - 2005 - 11 - 07. xsd）。在元素声明模式文件中定义了各元素及其英文说明，而在通用模式文件中列举了 17 种数据类型，从而通过通用模式文件把元素声明模式文件全部集合起来。2007 年 4 月 17 日，GL 工作小组发布 XBRL Global Ledger Framework Recomment。在此框架中新增了若干 XBRL 分类标准的实例文档，同时模式文件的后缀日期由 2005 - 11 - 07 改为 2006 - 10 - 25。2009 年 5 月 12 日，GL 工作小组再发布新模块 XBRL Global Ledger Framework - SRCD Module（Summary Reporting Contextual Data Module，汇总报告背景数据模块），通过此模块能把 XBRL GL 表示的明细数据与 XBRL FR 表

示的最终报告链接起来。开发该模块的首要目的就是强化链接机制。通过该机制可以在 XBRL FR 实例中发现与 XBRL GL 细节信息相一致的汇总信息，而且可以通过该机制建立一个简单的 GL 和 FR 转换平台。汇总报告背景数据模块除了需要 FR 实例中的确切日期外，还需要提供 GL 日期为使用者参考的规则，或者提供使细节信息能够汇总为汇总信息的条件。该模块文件的元素声明文件是 gl - srcd - 2009 - 05 - 12. xsd。

6.4.2　XBRL GL 的框架结构研究

（1）XBRL - GL - cor 模块：是 XBRL GL 的一个核心总账分类模块，它的设计主要是针对 XBRL—GL 的总账实例文档的核心，其主要是提供一个框架结构，给日记账分录、会计主文件以及历史状态打上 XBRL 标签，用以表达会计系统内部的各主要文件、日记账记录、历史记录和财务报告记录的详细信息。方便利用计算机的应用软件建立与财务信息利益相关者之间的信息交换。XBRL - GL 核心分类标准是一个单独的分类标准，适合于满足基础会计数据库和业务交易的需求。如果信息使用者还有其他附加的需求，XBRL - GL - cor 设计还可以通过增加额外添加的模块来达到目的，如添加先进的英美会计模块（GL - USK）、多种货币模块（GL - MUC）以及先进业务概念模块（GL - BUS）。在 2010 年版本中，该模块包含模式文件（gl - cor - 2010 - 04 - 12. xsd）、英文标签链接库（gl - cor - 2010 - 04 - 12 - label. xml）、日文标签链接库（gl - cor - 2010 - 04 - 12 - label - ja. xml）及展现链接库（gl - cor - 2010 - 04 - 12 - presentation. xml）四个文件，共定义了 119 个核心模块元素，其中包含有英文和日文元素标签，并给出了每个元素的英文详细说明。

（2）XBRL - GL - bus 模块：该模块是商务概念模块。它是基于 XBRL - GL - cor 1. 1 而附加的分类标准，可以使 XBRL - GL - cor 能

够呈现额外的商业信息来提供更多用于财会、业务等的信息。通俗来看，XBRL—GL－BUS 分类标准代表经营业务数据、组织和实体的详细描述部分，以及其他作为补充的常见项目，如代表客户、供应商以及与员工相关的交易。这些数据从经营业务中获得并通过归纳汇总集中到财务报告分类标准中。在 2010 年版本中，该模块包括模式文件（gl－bus－2010－04－12. xsd）、英文标签链接库（gl－bus－2010－04－12－label. xml）、日文标签链接库（gl－bus－2010－04－12－label－ja. xml）及展现链接库（gl－bus－2010－04－12－presentation. xml）四个文件，共定义了 180 个高级商务概念模块元素。

（3）XBRL－GL－muc 模块：多种货币功能模块。XBRL 多种货币分类是总账核心的一个附加分类，它通过与 XBRL 总账核心 1. 1 结合运行而扩展 XBRL 总账核心 1. 1 的能力，通过 XBRL－GL－muc 将收集到的多种货币数据放入补充数据库，使之得以满足会计、业务运行和会计制度中发现的其他数据录入需求的基础。具体来说，由 XBRL－GL－muc 分类反映了当地的货币和汇率。在 2010 年版本中，该模块包括模式文件（gl－muc－2010－04－12. xsd）、英文标签链接库（gl－muc－2010－04－12－label. xml）、日文标签链接库（gl－muc－2010－04－12－label－ja. xml）及展现链接库（gl－muc－2010－04－12－presentation. xml）四个文件，共定义了 47 个英美概念模块元素，也定义了英文和日文模块元素标签，并给出了每个模块元素的英文详细说明。

（4）XBRL－GL－taf 模块：税务审计文件模块。它是与 OECD SAF－T 小组和 OASIS 税务 XML 小组一起发展的一个全新 XBRL 分类模块。它展现了关于税务和税务审计的数据领域，便于国际税务机构使用 XBRLGL，在 2010 年版本中，该模块包括模式文件（gl－taf－2010－04－12. xsd）、英文标签链接库（gl－taf－2010－04－12－label. xml）、日文标签链接库（gl－taf－2010－04－12－label－

ja. xml）及展现链接库（gl－taf－2010－04－12－presentation. xml）四个文件，共定义了 10 个税务审计文件模块元素。

（5）XBRL－GL－usk 模块：英美会计模块。XBRL GL 英美会计模型扩展了 XBRL 总账核心模块，该模块是以英、美国家独特会计业务为基础，增加陈述数据域的能力，这种功能被认为是独特的或更适合英国的、美国的和其他拥有相似会计事务国家所使用的会计系统。因为这些国家所使用的欧洲系统对应于英美市场所需要的金融报告，所以以欧洲大陆为基础的会计系统中通常会很容易找到这一模块，这个模型所覆盖的两个主要领域是：自动化的会计登录条目与介绍性的工作成本。在 2010 年版本中，该模块包括模式文件（gl－usk－2010－04－12. xsd）、英文标签链接库（gl－usk－2010－04－12－label. xml）、日文标签链接库（gl－usk－2010－04－12－label－ja. xml）及展现链接库（gl－usk－2010－04－12－presentation. xml）四个文件，共定义了 15 个英美概念模块元素，也定义了英文和日文模块元素标签，并给出了每个模块元素的英文详细说明。

（6）XBRL－GL－srcd 模块：汇总报告背景数据模块。该模块可以帮助找到数据的正确"来源"。它是 XBRL GL 框架的一个补充模块，独立于 XBRL GL 但又与所有其他的模块（COR、BUS、MUC、USK 和 TAF）一样是 XBRL GL 中的一部分。srcd 模块是对 XBRL GL 技术现有能力的一种扩展，它把财务报告及其背后的明细链接起来，提供了介于 XBRL FR 和 XBRL GL 之间无缝审计的一个解决方案。该模块包含有一个元素声明文件（gl－srcd－2009－05－12. xsd）。

由于 XBRL 全球账簿分类标准是一个完全国际化的分类标准，不受任何国家或任何一个标准委员会的局限，因此前面六个模块中的文件都只包含模式文件、标签链接文件和展示链接库，而不包括参考链接库、定义链接库及计算链接库。前面六个模块文件通过"控制板"（gl－plt－2010－04－12. xsd）来组合形成，"控制板"模式文件只做一件事，就是通过 <import> 语句导入适当版本的核心模块的模式。而在其他六个组合模块中，COR 模块是必选项，BUS、MUC、TAF、USK 和 SRCD 模块是可选项、可组合项。从而通过不同组合形成 case - c、case - c - b、case - c - b - m、case - c - b - m - u、case - c - b - m - u - t、case - c - b - m - u - t - s、case - c - b - t、case - c - t 八种模式。

由于 XBRL Taxonomy 模式文件本身就带有校验机制，因此在提取数据和进行数据分析时就减少了不必要的收集和审阅工作。从图 6 - 17 可以发现，每个模块的模式文件分为两个部分：一个是元素声明模式文件；另一个是内容模型声明模式文件，每个模块中元素的声明文件保持不变，而内容模型文件可以扩展。而且每个模块的元素声明模式文件自身不能独立成为有效的模式，内容模型文件通过 <include> 语句包括的元素声明模式文件连同内容模型声明模式文件一起形成一个有效的模式。从图 6 - 17 可以看出，首先通过 gl - plt - 2010 - 04 - 12. xsd，引入 gl - cor - 2010 - 04 - 12. xsd、gl - cor - label - 2010 - 04 - 12. xml、gl - cor - presentation - 2010 - 04 - 12. xml 三个核心模块文件。再根据 BUS、MUC、USK 和 TAF 的组合，从而决定是否引入 gl - bus - 2010 - 04 - 12. xsd、gl - bus - label - 2010 - 04 - 12. xml、gl - bus - presentation - 2010 - 04 - 12. xml；gl - muc - 2010 - 04 - 12. xsd、gl - muc - label - 2010 - 04 - 12. xml、gl - muc - presentation - 2010 - 04 - 12. xml；gl - usk - 2010 - 04 - 12. xsd、gl - usk - label - 2010 - 04 - 12. xml、gl - usk - presentation - 2010 - 04 - 12. xml；gl - taf - 2010 - 04 - 12. xsd、gl - taf - label - 2010 - 04 - 12. xml、gl - taf - presentation - 2010 - 04 - 12. xml。而如果要建立 XBRL FR 与 XBRL GL 的联系则还应该引入 gl - srcd - 2010 - 04 - 12. xsd、gl - srcd - label - 2010 - 04 - 12. xml、gl - scrd - presentation - 2010 - 04 - 12. xml。下面以实例来说明各类模式文件的引用（见片段 1）。

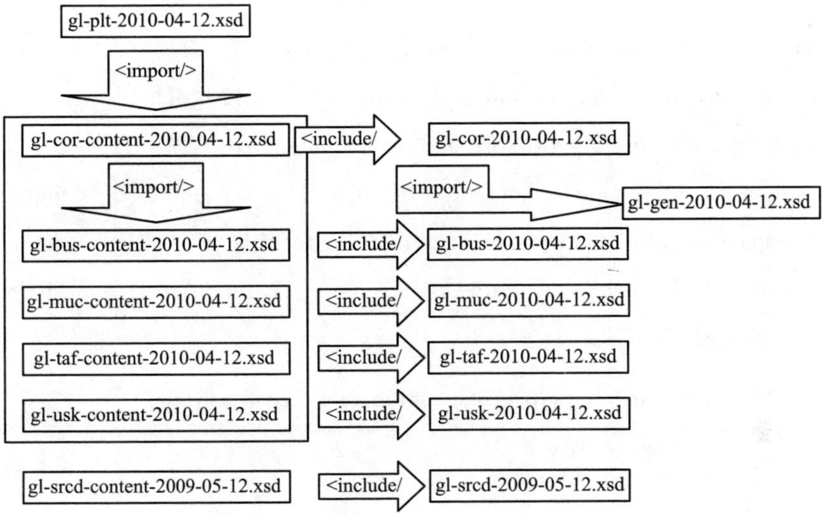

图 6－17　XBRL GL taxonomy 引用原理

片段 1　"控制板"模式文件引入 COR 模式文件

```
<schema
...>
<link:linkbaseRef xlink:type="simple" xlink:href="../../cor/lang/gl-cor-2010-04-12-label.xml" xlink:title="Label Links, all" xlink:role="http://www.xbrl.org/2003/role/labelLinkbaseRef" xlink:arcrole="http://www.w3.org/1999/xlink/properties/linkbase"/>
<link:linkbaseRef xlink:type="simple" xlink:href="../../cor/lang/gl-cor-2010-04-12-label-ja.xml" xlink:title="Label Links, ja" xlink:role="http://www.xbrl.org/2003/role/labelLinkbaseRef" xlink:arcrole="http://www.w3.org/1999/xlink/properties/linkbase"/>
<import namespace="http://www.xbrl.org/int/gl/cor/2010-04-12" schemaLocation="gl-cor-content-2010-04-12.xsd"/>
</schema>
```

从上面片段中可以看到，在 gl－plt－2010－04－12. xsd 模式文件中，通过该语句 <import namespace="http://www.xbrl.org/int/gl/cor/2010－04－12" schemaLocation="gl－cor－content－2010－04－12. xsd"/>引入了 gl－cor－content－2010－04－12. xsd。

在片段 2 中，gl – cor – content – 2010 – 04 – 12. xsd 通过 < import namespace = " http://www. xbrl. org/int/gl/bus/2010 – 04 – 12" schemaLocation = " gl – bus – content – 2010 – 04 – 12. xsd" / > < import namespace = " http://www. xbrl. org/int/gl/muc/2010 – 04 – 12" schemaLocation = " gl – muc – content – 2010 – 04 – 12. xsd" / > < import namespace = " http://www. xbrl. org/int/gl/usk/2010 – 04 – 12" schemaLocation = " gl – usk – content – 2010 – 04 – 12. xsd" / > 引入了 BUS、MUC 和 USK 模式文件。

片段 2　COR 模式文件引用 BUS、MUC 和 USK

```
< schema
    ... >
< import namespace = " http://www. xbrl. org/2003/instance " schemaLocation = " http://
www. xbrl. org/2003/xbrl – instance – 2003 – 12 – 31. xsd" / >
< import namespace = " http://www. xbrl. org/int/gl/bus/2010 – 04 – 12" schemaLocation = "
gl – bus – content – 2010 – 04 – 12. xsd" / >
< import namespace = " http://www. xbrl. org/int/gl/muc/2010 – 04 – 12" schemaLocation
= " gl – muc – content – 2010 – 04 – 12. xsd" / >
< import namespace = " http://www. xbrl. org/int/gl/usk/2010 – 04 – 12" schemaLocation = "
gl – usk – content – 2010 – 04 – 12. xsd" / >
< include schemaLocation = " . . / . . /cor/gl – cor – 2010 – 04 – 12. xsd" / >
...
    Complex type definitions for elements in the version of the COR module that requires ele-
ments from the BUS, MUC and USK schemas
...
< /schema >
```

在片段 3 中，gl – cor – content – 2010 – 04 – 12. xsd 通过 < import namespace = " http://www. xbrl. org/int/gl/gen/2010 – 04 – 12" schemaLocation = " . . /gen/gl – gen – 2010 – 04 – 12. xsd" / > 语句引入了元素声明文件。

片段 3　COR 模式文件包含元素声明

```
< schema >
< import namespace = " http://www. xbrl. org/2003/instance " schemaLocation = " http://
www. xbrl. org/2003/xbrl - instance - 2003 - 12 - 31. xsd" / >
< import namespace = " http://www. xbrl. org/int/gl/gen/2010 - 04 - 12" schemaLocation =
"../gen/gl - gen - 2010 - 04 - 12. xsd" / >
< /schema >
```

由以上研究可以看出，上市公司的 XBRL 分为 XBRL FR 和 XBRL GL 两部分，公司外部信息披露部分由 XBRL FR 来实现，其分类标准主要涉及公司外部报告元数据。公司的内部信息披露部分由 XBRL GL 实现，其分类标准涉及会计科目、总分类账、明细分类账、试算表、账簿、交易记录、财务和非财务信息等元数据。使用 XBRL GL 后，公司在每一个事件发生之时加上相应的标识包括记录每一笔交易的时间、相关人员、涉及的单据、供应商、销售商等数据信息，并进行汇总，然后将汇总的会计记录联结至 XBRL FR，就能精确、迅速地完成财务报表的编制工作，除此之外附注和其他财务报告中存在相互钩稽关系的数量部分也基本能实现自动编制，提高了报表编制的效率。

XBRL FR 与 XBRL GL 的主要差别是两者所反映会计信息的粒度不同。XBRL FR 相对粒度较粗，从标准财务报告的视角来反映上市公司整体汇总的财务信息，所针对的使用者主要是财务报告层面的分析者。XBRL GL 相对粒度较细，其从分计分录或经济业务层面来反映上市公司的具体经济业务，所针对的使用者是对财务信息深加工的分析者。这两种层面的系统如果能统一起来就能完成财务信息的向上钻取和向下钻取的功能目标，分析者可以从 XBRL FR 向下钻取获取财务报告信息的具体业务事实，而通过对 XBRL GL 的向上钻取就能得到财务报告的汇总数据。并且采用不同的钻取路径还可获得上市公司各种非标准的财务报告信息，从而完成分析者对财务报告信息的定制操作。由此可见这两者之间的研究对象不一样，对于 XBRL FR，其研究的对象应该是汇总性的财务报告信息，则主要是监管所管制的财务报告信息；对于 XBRL GL 则应注重于明细分类信息，其主要研究的对象应该以账簿、交易事项及非财务信息为主。因此，XBRL FR 主要以各类标准报告为中心辐射到其他相关报告，而 XBRL GL 则应以分录信息为中心辐射到会计科目、业务事实及账簿。

6.5 XBRL 实施和应用研究

6.5.1 CSS/XSL 样式表研究

如图 6－18 所示，实例文档转换成用户可以理解的 Html、Pdf、Excel 或 Word 文档，需要通过样式表来进行转换，而转换样式有 CSS（Cascading Style Sheets）和 XSL（Extensible Stylesheet Language）两种，它们之间的区别类似 DTD 和 Schema 之间的区别。CSS 是先使用简单的映射，然后直接将设计者所设定的显示属性值使用在文字区块上，完整地将原有 XML 文档按照 HTML 的形式显示出来，完全没有改变原始文件的结构及内容顺序。而 XSL 则提供了较为复杂的机制，使应用者可以随意地选择并改变原始文件的结构，以建构出新的 XML 文档（或片段），然后用需要的形式显示，按照 XML 的规范，XSL 是“一种将 XML 转换成别的显示形式的语言；一种可以过滤和分类 XML 数据的语言；一种可以对一个 XML 文档的部分进行寻址的语言；一种可以基于数据值格式化 XML 数据的语言（如用红色显示负数）；一种向不同设备输出 XML 数据的语言（如屏幕、纸和声音）”。同时 CSS 不是一种基于 XML 的语言，而 XSL 则是一种完全基于 XML 的语言。因此 XSL 具有更高的兼容性和更强的灵活性，是 XML 格式转换与结构组织未来的主流技术。

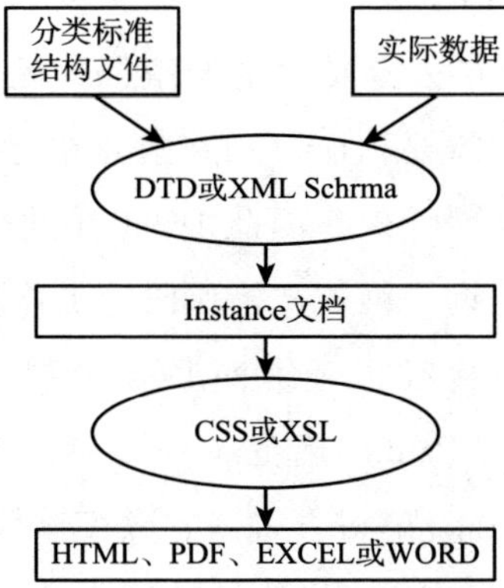

图 6-18　XBRL 的文档转换过程

无论 CSS 还是 XSL 都需要读取访问 XML 文档，应用程序在访问 XML 时，有两种方式，通过 DOM（Document Object Model，文档对象模型）或者 SAX（Simple API for XML，XML 简单应用程序访问接口）。DOM 是访问 XML 的其中一种形式，该模型可以使用 XmlDocument 的 Load（）或 LoadXml（）方法将 XML 文档加载到内存处理，将文档中各种内容均视为节点（Node），提供了一种随机访问并修改 XML 文档的方法。该方法的优点表现为：整个文档结构和数据都在内存中，可以随时根据节点间的各种关系快速访问节点数据。在节点之间移动、插入、删除和修改文档中的结构和数据，都在内存中进行，适合对 XML 的随机访问。缺点是：文档和数据都在内存中，如果要处理大型的 XML 文档，就必须将整个 XML 文档都加载到内存，这对计算机系统将造成巨大的压力。如果用 DOM 来处理一个 900MB 的 XML 文档，所消耗的内存一般多于 900MB。而根据 DOM 的具体实现，内存消耗远大于此数，有时甚至达到文档大小的 5～10 倍，即 4.5G～9G。而目前市场上的一般用户计算机的配置在 2G 左右。因此，DOM 能够处理的 XML 文档大小一般就要在 400MB～200MB。除了内存问题外，还有数据结构的原因从而导致 DOM 的处理效率比较低，因为 DOM 一般没有像关系数据库那样的索引机制。所以 DOM

一般不适合处理大型 XML 文档。而且在查询 XML 文档的深层节点时，采用 DOM 的编程方法需要大量的编码，处理起来非常不方便。一旦改动文档的结构，需要相应改动在节点中导航的 DOM 代码，这类维护工作无疑是枯燥而低效，因此 DOM 在处理大型文件时其性能下降较快。为了减轻查询、维护文档代码的工作量，提供一个简洁有效地查询 XML 文档的途径，万维网联合会提出了 XML 路径语言（XML Path Language，XPath）规范。SAX 就是基于此规范的产物，SAX 是事件驱动型的 XML 解析方式。它顺序读取 XML 文件，不需要一次全部装载整个文件，因此其消耗的内存小。SAX 工作原理是在读取 XML 文档时，根据文档的标记产生相应的事件，不在内存中创建将树结构文档内容，由用户来设计事件处理函数。范书义等（2011）用 DOM 和 SAX 对 XML 文档进行解析发现，DOM 方法装入 XML 文档所耗费时间与文档大小不是线性增加关系，当 XML 文档增大到超过计算机物理内存极限时，计算机处理速度会急剧下降，而 SAX 可以规避这种现象。SAX 只顺序读取 XML 文档内容产生相应事件，并不保存文档内容，因此处理速度非常快捷。SAX 也有其不足之处，SAX 解析器不能交易元数据，而且必须实现多个事件处理程序才能处理所有发生的事件，因此 XML 文档越复杂，应用处理逻辑也就越复杂。当前比较流行的读取 XML 文档的解决方案是采用 SAX 与 DOM 相结合，利用 SAX 来顺序访问文档内容，找到所需研究的对象，将其保存到缓冲区，最后将缓冲区的内容转化为 DOM 对象。

6.5.2 XBRL 实例文档的转换方式研究

如何把 XBRL 在客户端进行展示，也是我们应该研究的一个方向。当前上证所的 XBRL online 与深交所上市公司信息服务平台就是采用这种集成式的转换方式。XBRL 实例文档其实质就是 XML 文件，而对于 XML 文件，将其在客户端进行显示有以下三种实现方式：

第一种转换方式（见图 6－19）将 XBRL 实例文档直接与 XSL 样式表捆绑在一起，在 XBRL 实例文档中添加与 XSL 关联的行 <？xml：stylesheet type＝"text/xsl" src＝" ＊＊＊．xsl" >，这样客户可以直接在客户端浏览器中看到固定样式的 XBRL 实例文档。

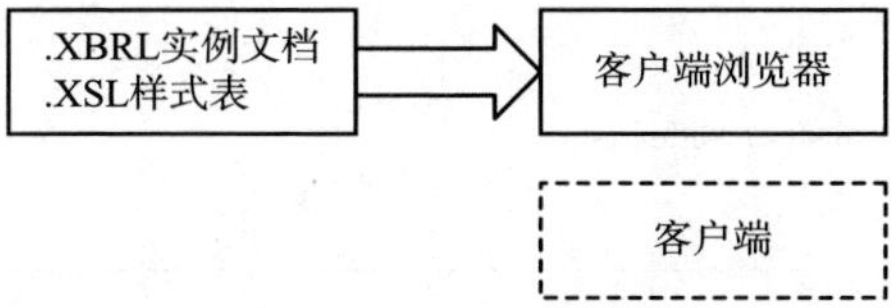

图 6－19　XBRL 第一种转换方式

第二种转换方式（见图 6－20），把 XBRL 实例文档与样式表文档分开，XSL 样式表集中于服务器端，有多种样式表，如 XBRL、XSL、HTML 三种文档样式，在 HTML 文档中用 js 来实现转换过程，用户访问的也是这个 HTML 文件，这样由客户端浏览器处理转换，在这个转换中，HTML 文档中加载 XML 文档与 XSL 文档，然后再将其进行转换。这种转换需要浏览器解析插件（XML parser）支持，所以只有服务端控制才能完全保证可以解析。但也可采用不需要解析插件服务端控制转换，可以用 ASP（或者其他类型的动态页）来进行转换。

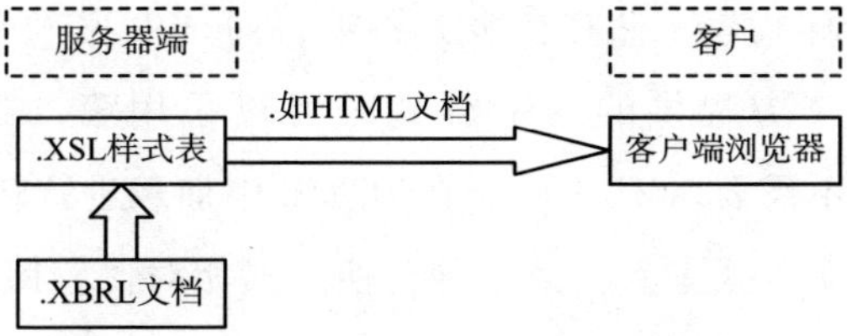

图 6－20　XBRL 第二种转换方式

片段 1　需 XML Parser 支持下服务器端转换方式

```
<script language = "javascript">
// Load XML
var xml = new ActiveXObject("Microsoft. XMLDOM")
xml. async = false
xml. load(" ***. xml")
// Load the XSL
var xsl = new ActiveXObject("Microsoft. XMLDOM")
xsl. async = false
xsl. load(" ***. xsl")
// Transform
document. write(xml. transformNode(xsl))
</script>
```

片段 2　无需 XML Parser 支持下服务器端转换方式

```
<%
'Load the XML
set xml = Server. CreateObject("Microsoft. XMLDOM")
xml. async = false
xml. load(Server. MapPath(" ***. xml"))
'Load the XSL
set xsl = Server. CreateObject("Microsoft. XMLDOM")
xsl. async = false
xsl. load(Server. MapPath(" ***. xsl"))
Response. Write(xml. transformNode(xsl))
%>
```

第三种方式（见图 6－21），该种方式与第二种方式相似，不同之处在于 XSL 样式表不储存在服务器端，而是由第三方提供，XBRL 实例文档与第三方提供的 XSL 样式表可以采用第二种方式的需要 XML Parser 或不需要 XML Parser 在 HTML 中加载进行转换。

从三种转换方式来看，第一种转换方式相对比较简单，样式也比较固定，第三种转换方式，由第三方提供样式表，样式更具有独特性，把样式表格式的设计权交由客户自己来处理，其设计的样式更能满足用户的需求。

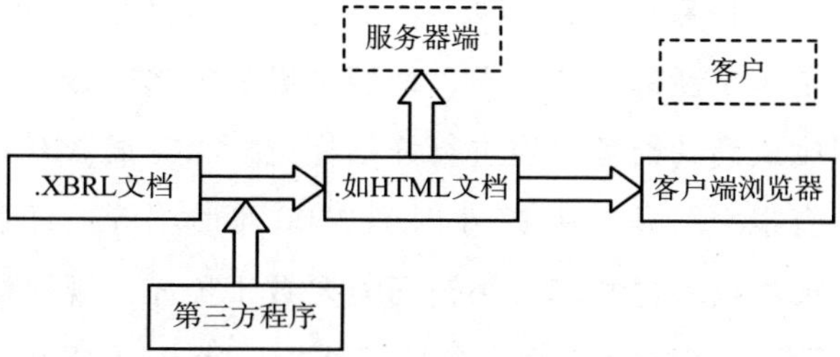

图 6－21　XBRL 第三种转换方式

6.5.3　XBRL 的实施研究

Kernan（2008）研究认为，XBRL 的优势在于能够潜在地提高公司信息的透明度和可获得性，从而为公司治理和运营节约交易成本。这与科斯的交易成本理论、威廉姆斯的新制度经济学的观点是一致的。然而大量研究同时发现，在一般情况下，利益相关者在某一信息技术标准化过程中会产生各种各样的困境。由于 XBRL 技术标准的采用会涉及众多利益相关者，因此 XBRL 在引入和扩散过程中面临多方面的困难。Krechmer（2002）也发现，由于网络外部性的存在，XBRL 标准创建者、实施者和应用者之间将会产生固有的冲突，这些冲突将导致 XBRL 实施的效果大打折扣。另外，在 XBRL 标准化过程中，现阶段 XBRL 标准的弹性比较大，由于政府、社会和各种不特定使用者的影响，对 XBRL 标准化实施带来很大的困难。John Stantial（2007）对美国联合技术公司（United Technologies）采用 XBRL 前后过程进行分析，认为一些企业不敢采用 XBRL，或采用 XBRL 热情不高主要有以下三个原因：（1）缺乏 XBRL 的知识或对 XBRL 的不理解；（2）对采用 XBRL 在资源上的要求有误解，认为采用 XBRL 要付出很高的成本而且需要很熟练的技术；（3）感观上认为参与 XBRL 项目对企业带来的利益非常小。国际财务执行官组织（FEI）企业报告委员会（CCR）对 2010 年 6 月 30 日 XBRL 第二季度报送完成后，其所属会员进行的一项调查发现，XBRL 信息第三方提供商告知其会员称，对报告进行修改至少需要 48 小时。并且几乎一半会员表示，如果不是为了满足新的报送要求，他们会更早报送报告。而且如果公司对复杂程度最高的财务报表进行详细标记，以完成 XBRL 报告编制所需的时间有很大差异，从 12 小时到 2000 小时不等。每季度，报告制作的外包成本也不尽相同，小公司需要数千美元，规模最大的公司则高达 50 万美元。总的来说，会员们认为，审核 XBRL 文件、识别报告差错的可用工具较少。对自身网站信息使用情况进行监测的公司也表示，投资者对 XBRL 信息兴趣寥寥，每季度的点击量仅为 3 ~ 20 次，而这其中还包含公司雇员或服务提供商的点击量。

其实，上述问题如果用经验曲线理论来解释就能获得答案。Bruce D. Henderson（1960）首先提出了经验曲线效应。Efendi、Smith 和 Wong（2009）发现，XBRL 的实施同样要经历一个学习曲线，但随着时间推移，XBRL 报告的时滞将显著缩短。Gray 和 Miller（2009）认为许多上市公司已经采用 XML 技术，因此他们将非常愿意转换到 XBRL 的应用，因此报告时滞将大大减少，同时能充分有效地利用 XBRL 技术。根据图 6 - 22，可以看到，XBRL 的实施是一个

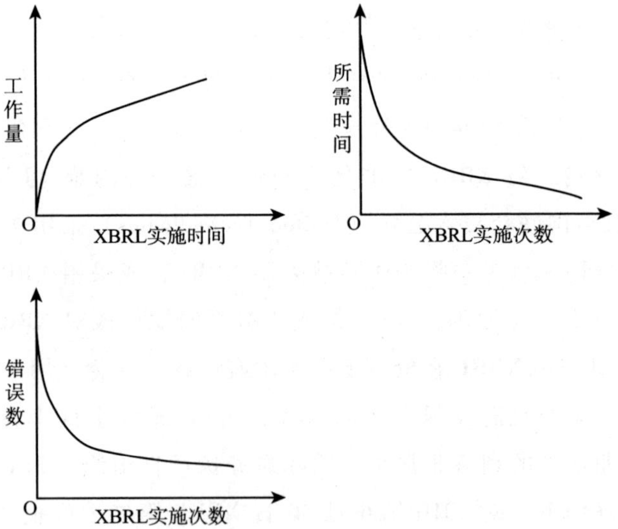

图 6 - 22　XBRL 的学习曲线

漫长而曲折的过程，随着 XBRL 刚开始推行，由于操作者对 XBRL 的不熟悉，操作者在前期有较强的抵触情绪，而且在实施中要占有大量的时间，并会出现很多的问题，因此 XBRL 在初始实施阶段必然会遭到排斥。但随着对 XBRL 操作次数的增加，对 XBRL 的实施日趋熟练，一旦实施者把握住了 XBRL 的实施原理，失败的次数相对减少，XBRL 带来的效率逐渐增加，实施者对 XBRL 的信心相应提高，XBRL 的推行将逐渐由被动接受转向主动采纳并不断完善。

信息套利环境下的
XBRL研究
Chapter 7

第7章 改进后的XBRL理论研究及框架模型建立

7.1 XBRL 研究框架结构的改进

XBRL US 认为，XBRL 不改变财务报表的本质，仅仅改变财务报告的显示和传送机制。因此，XBRL 不影响 US GAAP 和 US SEC 的财务报告的披露要求，也不存在重设或修改任何准则的要求。这种观点在早期 XBRL 开发中，应该是正确的。但以长久来看，XBRL 的广泛应用不应仅仅停留在显示和传送机制上，XBRL 还势必将改变财务报告的披露规则，甚至更进一步地改变会计准则和要求。

从 XBRL 的名称来看，XBRL 全称为可扩展商务报告语言。这称谓中本身就包含两层含义：XBR 和 XBRL，因此，XBRL 的研究涉及两个方面：一个是从财务角度的研究，就是可扩展财务报告的研究；另一个是从技术的角度，也就是计算机技术角度的研究——可扩展财务报告语言的研究。由此可见，一个系统、完整的 XBRL 框架结构研究也应该由两部分组成（见图 7 - 1）：一是 XBR 研究，也就是可扩展商务报告研究，而可扩展商务报告研究又分为 XBR - FR（可扩展商务报告—财务报告研究）和 XBR - LG（可扩展商务报告—分类账研究），而这两种研究都是建立在 XBR - fact 的研究基础。因此 XBR 的研究应该从三个角度展开：财务报告、分类账及经济业务事实。由于 XBRL 实例文档是 XBRL 分类标准与上下文背景结合而形成的数据文档，因此财务报告研究也应结合上下文结构进行研究，相应的财务报告研究也可分类为预报、正式报送、重述、预测、真实、预算还是中期来展开。二是 XBRL 研究，该研究则是从计算机技术层面展开的，目前来看，主要涉及 XBRL 规范、XBRL 分类标准、XBRL 扩展分类标准、XBRL 实例文档、XBRL 文档转换样式等几类研究。XBRL 是 XML 应用于财务和商务报告方面的衍生物，因此在研究 XBRL 技术时，应该首先研究 XML Specification。XML Specification 包括 XML

模式文件、XML 文档和 XLink。这些 XML Specification 对建立 XBRL 技术框架起到非常关键的作用。在了解了 World Wide Web Consortium（W3C）制定的 XML Specification 及其衍生规范的基础上，开发设计 XBRL Specification。该规范的设计由 XBRL 国际组织完成（XII）。根据 XBRL 国际组织设计的 XBRL Specification，各国 XBRL 组织机构或管理机构，可以在此基础上进一步设计各国的 XBRL Taxonomy。在设计了 XBRL Taxonomy 后，各机构、行业及各报告主体还可再进一步进行扩展设计从而建立起适用特定机构、特定行业或特定主体的 XBRL 扩展分类标准。在特定分类标准建立好的基础上，进行商业事实与分类标准的映射，从而生成企业需要报送的 XBRL Instance。最后就是实例文档的使用者如何从实例文档中进行数据提取并进行分析环节。

XBRL 整体研究框架如图 7 - 1 所示。

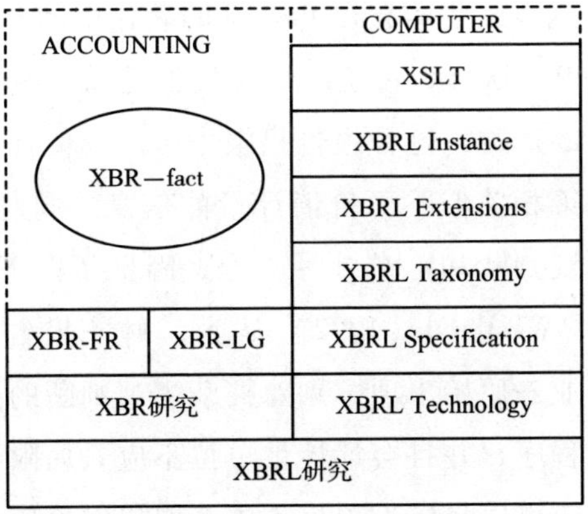

图 7 - 1　XBRL 整体研究框架

7.2　XBR 研究

自 1494 年 Luca Pacilioli 在《算术、几何、比及比例概要》中记载复式簿记原理，500 多年来，作为现代会计学基础的复式簿记原理，一直没有改变。“商人在购货或销货诸交易发生时随日随时将之详尽记录于流水账本。不管交易如何之微不足道，亦不当免记。与存货记录同，流水账也不应遗漏任何细节。账本必须能回答谁，什么，为什么，如何，何时，何地等问题。但应注意，若将合同细节及商业秘密记于流水账则属不智之举。”从上面记录可以发现，复式记账法通过“有借必有贷，借贷必相等”的复式记账原理及借贷复式记账的基本方程式在会计科目及账簿体系之间建立了严密的逻辑勾稽关系，从而把会计推上了科学的宝座。然而在会计语言浓缩会计业务时，却吞噬了大量相关信息，如会计分录“借：材料采购；贷：银行存款。”该分录就隐藏了大量有用信息。如这材料来自何方？提供的是何种商品？这些信息在现行会计处理中已被埋没，以至于我们只能在赊购业务中，发现供应商应付款项的多少，而不知供应商现购 + 赊购数量之和。然而这些信息在 Pacioli 的著作中却非常清晰。

Scorter（1969）认为，传统的财务报告是以价值法为主的报告体系，是价值理论的产物，这种报告只报告可以价值计量的信息，从而遗漏了大量与决策相关但不可价值计量的信息。同时在价值计量时，又夹杂了大量主观判断和汇总计算工作，降低了财务报告的客观性。Johnson（1970）、Westland（1992）认为，财务报告应该返璞归真，重新还原成经济业务原始事项，剔除夹杂主观判断的摊销、递延、分配和预计等会计程序，并且会计计量单位不应只局限于货币计量，应该多样化。同时应该以经济事项报告体系取代以价值法为主的传统报告体系。Goetz（1939）提出以数据库的方式把企业发生的经济业务当成基本信息单位储存下来，让信息使用者按自己设立的决策模型获取决策数据。Haseman 和 Whinston（1976）提出层次模型的财务系统，并于第二年在层次模型基础上更进一步提出了网状模型财务系统。Everest 和 Weber（1997）提出了关系模型财务系统。Verdaasdonk（2003）提出面向对象数据模型财务系统。从以上分析可以看出，XBRL 的雏形早在 1939 年就已经形成，但由于计算机网络技术、数据库技术和计算机标识语言技术的局限，各种类型的财务系统都只处于一种理论上可行而实践上不可行的理想化状态。随着社会的进步、技术的发展，目前各种类型的模型基本都具有技术上的可行性，而且部分类型的财务系统也已经实现。Goetz（1939，1949）提出的经济业务事项模型目前也可通过 XBRL GL 来实现，在 XBRL GL 中可以通过分类标准中的 documentType 元素来确定原始业务文件的类型，在目前该元素取值中，有 15 个可选列举项，包括反映原始业务信息的支票、本票、装运单及收据等。随着 XBRL GL 研究的进一步加大，可举例的业务事项将进一步扩展。除该元素外，还可通过 gl - cor：document Date（业务日期）、gl - bus：measurable（度量描述）、gl - bus：measurable Quantity（数量）及 gl - bus：measurable Unit Of Measure（单价）来描述原始业务的细节。

XBRL 的创立者霍夫曼认为 XBRL 并不改变会计准则、会计制度以及披露规则所制订的各种规范。实际上，各国会计界和证券管理部门已经对 XBRL 的出现做出了积极反应，修正并补充了一些制度和规定。Boritz 和 No（2003）根据会计信息质量特征理论，探讨了 XBRL 报告如何满足信息质量的要求。Cohen 等（2003）以信息经济学、代理理论、交易成本理论等为基础，建立基于 XBRL 的审计需求理论。Hodge 等（2004）采用实验方法研究 XBRL 在提高信息透明度方面的优势。张天西（2006）尝试从会计角度研究 XBRL 基本理论，将会计理论、数据库理论结合，建立以财务信息元素为结构的 XBRL 理论体系，并对该理论体系的逻辑关系和层次结构进行了论证。本书认为 XBR 的研究主要体现在 XBR 的披露形式及 XBR 的披露内容两个方面。

7.2.1 XBR 披露形式的改进

1965 年，英国的股票交易所率先要求上市公司编制分部财务报告，披露分行业营业额和利润额以及分地区的营业额。1976 年美国财务会计准则委员会（FASB）公布了第 14 号准则《企业分部的财务报告》，1997 年发布 SFAS131 准则《企业分部和相关信息的披露》，取代了 SFAS14。国际会计准则委员会（IASC）则于 1981 年发布了第 14 号国际会计准则《按分部报告财务信息》，要求证券公开上市的企业和其他经济上重要的单位按行业和地区分部报告财务信息。之后，2006 年 IASB 发布 IFRS8《经营分部》取代了 IAS14，2008 年又对 IFRS8 进行了修订。我国证监会于 1997 年首次要求跨行业上市公司在其年报中披露分行业信息。并于 2006 年发布 CAS35 - 分部报告准则。国内外准则制定者都认为分部报告披露对资本市场的作用非常重要，分部报告披露可以帮助财务报表用户：更好地理解企业的业绩；更好地评估其未来净现金流量的前景；对企业整体做出更有依据的判断。因此各国及各组织对分部报告的披露事项一直都很重视。

分部信息披露主要有三种披露方法：分别是 SFAS131 的“管理法”（management approach）、SFAS14（已被 SFAS131 取代）的“行业法”（industry approach）、IAS14（1997 年修订）和 CAS35 的“风险报酬法”(risk and return approach)。SFAS131 采用“管理法”确定分部，即以企业内部管理当局经营决策、分配资源和评价业绩而组织的分部为基础，确定对外报告的分部，即经营分部；SFAS131《企业分部和相关信息的披露》中要求企业披露：①产品和服务信息；②地区信息；③主要客户信息。SFAS14（已被 SFAS131 取代）采用“行业法”确定分部，即行业分部；IAS14（1997 年修订）采用“风险报酬法”确定分部，强调不同的业务和地区具有不同的风险和报酬，应将风险和报酬不同的业务和地区划分为不同的分部。CAS35 采用的也是“风险报酬法”对分部确定为业务分部和地区分部。但同时要求企业在确定业务分部时，应当结合企业内部管理要求，并考虑下列因素：产品或劳务的性质；生产过程的性质；产品或劳务的客户类型；销售产品或提供劳务的方式；生产产品或提供劳务受法律、行政法规的影响，包括经营范围或交易定价限制等。可视同在风险报酬法的基础上，关联了管理法，是一种不得已的取舍。从三种披露方法来看，不同披露方法从不同角度给信息使用者带来增量信息。采用“管理法”、以企业内部组织结构为基础确认分部，提供的信息是以管理者从其管理角度出发的，信息使用者与分部报告的报送者共享信息，分部信息相对更为透明。采用“行业法”，由于可以一定的标准作为参考，从而使分部报告的信息更具有可比性。采用“风险报酬法”，从风险与报酬的角度来区分分部，与资本市场的运作基础一致，因此其对信息使用者的相关性更高。

对于分部报告信息披露的作用国内外有大量的实证研究，Kinney（1971）、Collins（1976）、Emmanuel 和 Pick（1980）、Silhan（1982，1983）、Baldwin（1984）、Senteney 和 Bazaz（1992）对分部报告的作用进行研究发现，SFAS14 分部报告披露能满足预测能力要求，能提高预测的准确性。Berger 和 Hann（2003）对分部报告的数量进行研究发现，SFAS131 增加报告分部的数量和提供更多的分部信息，分析师预测的准确性也得到了显著的提高，分部数据的强制性公开披露可以给分析师提供一些不能通过私人渠道获取的信息。Piotroski（1999，2002）从投资者的预期角度研究发现分部报告信息对投资者的预期有积极的影响。聂萍（2005，2007）、闰铁（2004）对中国上市公司分部信息披露的预测功能进行实证研究，研究发现分部信息与预测具有相关性。由此可以看出不管是采用 SFAS131 的“管理法”、SFAS14 的“行业法”、IAS14 和 CAS35 的“风险报酬法”在实证上都证明了能给财务报告信息使用者带来增量信息，从而为外部信息使用者预测提供有益的帮助。由此就产生了一个问题：既然三种确认分部披露的方法都可以为信息使用者提供投资决策信息，以及分部报告数量越多对预测的准确性越高（Berger & Hann，2003），为何不采用三种方式来进行披露以提高分析师的预测准确性？或者让信息使用者自己来选择采用何种方法产生分部报告？

在早期信息技术不够发达的情况下，分部报告需要会计人员对企业财务数据进行再加工，首先要进行数据筛选，然后按一种披露方式再进行重新分类、汇总，最后得到分部报告。如果分部报告采用多方法、多角度的披露，将是耗时、耗人工的工程，根据成本收益原则，这是一种非理性的选择。因此，在早期报告中只要求选择其中一种方法进行披露。虽然我国的 CAS35 为了平衡多种披露方法，在准则中设定了主要报告与次要报告两种披露形式，并以 10% 作为一个参考标准，但仍只要求主要报告采用其中一种披露方法，只有当达到标准时才要求在次要报告中予以披露。这种处理方式较好地兼顾了各种披露方法。但由于设定了一种取舍标准，从而导致分部报告披露信息由企业内部信息处理人员进行人为信息的筛选，造成人为财务信息流失，从而将导致财务信息披露的不完善。然而随着信息技术的出现，这种情况显然不应该再存在，因为在信息技术下三种披露方法均可兼顾，下面本书将以分部报告中主营业务收入项目在 XBRL 中的实现展开说明。XBRL 是一种可扩展商务报告语言，用其来解决分部报告的三种披露方法要用到其内部的 XBRL Dimension 和 XBRL Formulas 技术规范，而不能仅仅利用 XBRL 的 Presentation Linkbase、Calculation Linkbase、Definition Linkbase，因为 XBRL Dimension 和 XBRL Formulas 技术规范可以描述跨越背景的关联。XBRL Dimension 可用来解决为数据提供多维度的描述和不同数据背景之间计算的问题，由于三种不同的披露方法分处不同的数据背景，并具有不同的维度关系，因此用 XBRL 来实现三种维度时要用到 XBRL Dimension。XBRL Formulas 则规范了业务逻辑关联关系的定义方式，它提供了跨越期间背景数据的钩稽计算验证，从而保证不同维度之间数据逻辑的一致性。XBRL Dimension 主要运作原理是采用 Has - hypercube - dimension - domain - member 人为地将维度分成 5 个层次（Primary Item、Hypercube、Dimension Declaration、Effective Domain 和 Domain Member），并用 4 类关系（Has - hypercube Arcrole {all, not all}、Hypercube - dimension

Arcrole、Dimension - domain Arcrole、Domain - member Arcrole）把这5个维度模块连接到一起，而“管理法”“行业法”和“风险报酬法”分别拆分为三个维度：管理维度（by management）、行业维度（by industy）和风险报酬维度（by risk return）。在此我们还是以主营业务收入分部报告为例来看XBRL如何实现其不同方法下的披露，首先定义元数据cn - pte_ZhuYingYeWuShouRu，然后根据XBRL的“if - then”设计思想，如果主营业务收入元数据要进行分步多维设计，那么它就要通过cn - dim - 2003. xsd模式文件的校验，而在cn - dim - 2003. xsd模式文件中则定义了维度展示的基本规则，因而根据cn - dim - 2010 - 12 - 31. xsd模式文件要求把元数据设置其Has - hypercube，由于Hypercube的存在，就意味着ZhuYingYeWuShouRu元数据要进行多维度的展示和计算。同时由于ZhuYingYeWuShouRu下一般成员都是通过分部子项展开的，从而设置cn - dim_GongSi_Hypercube（公司立方体），接着利用Hypercube - dimension联系cn - dim_AnGuanliFengLei_Dim、cn - dim_AnHangYeFengLei_Dim及cn - dim_AnFongXianBaoChouFeiLei_Dim。再接下来就利用Dimension - domain来联系cn - dim_AnHangYeFengLei_Dim和cn - dim - industry_HangYeXiangMu，最后用domain - member来联系cn - dim - industry_HangYeXiangMu与具体的行业，如cn - dim - industry_FangDiChanYe。其他分类方法按此类推，就可生成不同披露方法的分部报告。从以上研究可以发现，XBRL的引入可以绕开披露方式的争论，只要不同的披露内容能带来增量信息，那么在信息技术支撑下，可以考虑全面披露方式，以进一步提高披露信息的充分、有效性。

7.2.2　XBR披露内容的改进

目前，对于现金折扣国际上会计处理有两种方法：一种处理方法认为现金折扣是债权人向债务人提供的债务扣除，即债务人在债务清偿之前，应按照总价计算其债务金额，如我国企业会计准则第 14 号收入准则；另一种处理方法认为现金折扣应减少库存/采购成本，即债务人应该在确认债务时，按净价法计算其债务金额，如 IAS－2 存货准则。两种不同的方法的最大差别在于：总价法把现金折扣看成是由于债务人的积极偿债行为，从而债权人给予债务人一种额外奖励；净价法则认为，债务人具有足够的主动权来决定是否享受现金折扣，因此此折扣是债务人应得的优惠。两种方法是一项经济业务，站在两个不同主体的角度看待会计处理问题。而不同的会计处理问题，会直接影响不同的报表项目。采用总价法会计处理，债务人的采购成本加大，将来影响到主营业务成本的增加，而一旦享受到现金折扣，将来财务费用将减少。采用净价法会计处理，债务人的采购成本减少，也即将来主营业务成本减少，而一旦未享受到现金折扣，将来财务费用增加。两种处理方法都有一增一减，对于企业利润没有产生影响，但可以发现，利润表的项目却发生了变化，现金折扣在主营业务成本与财务费用两报告项目中游走。在没有 XBRL 时，不同的准则制定者为了保证财务报告的可比性，只能在其中做出取舍。但如果用 XBRL 的思路来思考，就可以采用新增元数据现金折扣来解决此问题。XBRL 只在展示和计算链接库中依附于别的元数据项目，而在其他链接库中，该元数据是独立的数据项，不受其他元素影响。如果想要现金折扣依从于我国的会计准则，则可通过一扩展模式文件，在此模式文件计算及展示链接库中通过有向图把其与主营业务成本建立关系。如果要遵循 IAS 准则，就可通过一扩展模式文件，将其与财务费用元数据建立关系。同时我们可以考虑改变会计准则以兼有两种处理方法，如发生采购时，可以编制如下分录（不考虑税费）：借；材料采购，现金折扣；贷：应付账款。折扣期内付款：借：应付账款；贷：银行存款；现金折扣。如未享受到现金折扣，则企业在折扣到期后，将现金折扣转入材料采购，材料采购成本。并在会计报告附注中，反映企业未享受到的现金折扣金额，以反映企业财务运作上的失败。

7.3　Taxonomy 设计思路改进

7.3.1　动态 XBRL 分类标准框架模型

分类标准不应该是静态的，而应该是动态的。当前的分类标准具有扩展性，但扩展主要只适用于某一企业内部的扩展，在设计过程中，可以利用我国 XBRL 强制性要求的优势，可以研究在企业内部扩展或上报实例文档事实时，XBRL 的制定者察觉到变动的事项，并能自动反馈出其变动部分，决定其扩展是否具有普遍性，如具有普遍性，则分类标准的制定者就应该把上市公司自行扩展的专用分类标准转变成通用分类标准，通过分类标准应该具有及时更改性。XBRL 设计者应该允许通过扩展分类标准来对分类标准的内部进行相应的改动。如图 7 – 2 所示，上市公司利用 DTS，参考各种类型的分类标准，从中发掘出最适合其自身财务报告信息披露的分类标准，如果还存在无法映射的报告元数据，则可通过自行扩展形成自己的专用分类标准，该专用分类标准又可被其他上市公司通过而此专用分类标准结合实例文档传送给监管部门，监管部门利用分类标准及实例文档读取工具，提取出上市公司扩展的元数据，并对该元数据进行分析，如果该元数据在多个上市公司扩展数据中都出现，则可将该元数据引入监管机构的通用分类标准库中，形成扩展后的通用分类标准。

欧阳电平和周舟（2010）对我国财务报表附注规范表述现状用实证性方法进行了研究。研究中采用 2007 年 70 家房地产上市公司披露的年报报表附注信息作为研究样本。分析得出以下结论：（1）报表附注的披露内容存在公司偏好性；（2）报表附注中术语（概念）使用的不规范性；（3）报表附注中表格注释的不规范性和不一致性。从这个研究中可以看出，出现这些问题，有企业自身的原因也有准则

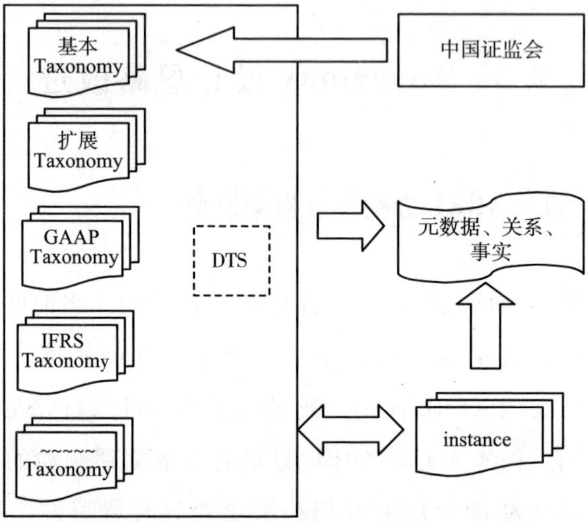

图 7－2　动态 XBRL 分类标准框架模型

制定部门的原因，但由于我国会计准则强制性特点，因此准则制定部门是其主要原因。在此前提下，XBRL 为我们准则制定和完善提供了一种标准的思路。XBRL 的发展有利于统一各部门的管理规章，通过 XBRL 进行元数据和链接库文件所具有的内在规则进行检验，可以很容易发现各部门之间相互冲突的规章制度，对冲突的规章进行修订，从而达到统一标准。

7.3.2　动态分类标准的设立方法

Hongwei 和 Madnick（2007）发现目前 XBRL Taxonomy 发展太多，存在较严重的语义异质性。高锦萍（2008）认为解决 XBRL 财务报告中添加元素而又使企业间信息具有可比性的方法就是设置基准分类，然后基于基准分类，再根据不同的目的，对基准分类进行扩展。而扩展分类运用了基准分类里的元素或者分享基准分类中元素的重要部分。XBRL 分类标准的架构应分为：准则制度层、基础层和扩展应用层。国际会计准则委员会基金会（IASC Foundation）为帮助各国生成遵循国际会计准则的 XBRL 财务报告。国际会计准则委员会制定了 XBRL 分类标准，该分类标准由四个分类模块组成：（1）“全球通用文档”；（2）“主要财务报表”分类；（3）“解释披露和会计政策”分类；（4）“会计师报告”分类。国际财务报告准则分类标准使用单一模式法报告概念（ifrs - cor_YYYY - MM - DD. xsd），而维度、域和域值被置于一个独立模式（ifrs - dim_YYYY - MM - DD. xsd）中。当前 XBRL 工作组采用的是逐项准则法来制定国际财务报告准则的分类标准，逐项准则法按照报表编制者所熟悉的方式整合国际财务报告准则分类标准。我国于 2005 年 11 月确认为中国会计准则与国际财务报告准则的实质性趋同（刘玉廷，2007）。因此，以 IFRS 分类标准为基准来创建我国的 XBRL 财务报告分类标准，能够有效地实现会计趋同。XBRL 国际公布了建立分类标准的六个基本步骤，依次为财务事实的来源、结构、收集数据、输入、更正和输出。综合来看又分为以下三步，即“源头—处理—输出”。因此建立分类标准的第一步是找出想要披露的财务事实，也就是财务事实来源于何处，而财务事实的源头又根据财务信息的片段不同又分为不同的源头，如果是从 XBRL - FR 事实来看，财务报告就是财务事实的来源，而对于 XBRL - GL 来说，财务事实的来源就涉及具体的原始单据。在确认了财务事实的来源后，还要对想要披露的财务事实，应先根据相关法律法规找到财务事实的确认依据，以此证实财务事实确认的必要性。第二步是从财务事实中找出它们之间的层次关系，按层次将财务事实的数据名称和类型收集起来，接着将收集到的数据中间存在的错误进行更正。第三步，将数据名称及类型输入相应的输出工具，产生相应的文件。

（1）财务报表准则法。

当前我国设置 Taxonomy 主要采用逐项准则法，这种方法为前期设置分类标准起到了非常重要的作用，但其不足之处也很明显。分类标准的制定人员必须从浩瀚的准则中找出有用的元素并进行相应的规则设置。这项工作将非常繁重并且效率较低，甚至会出现遗漏有用元素的情况。同时由于标准的制定人员以准则为依据，相应地制约了制定人员设计标准的思维，从而导致很多采用该分类标准的企业要进行大量的扩展操作，导致财务报告的标准化受到影响。在此基础上，可以采用以下两种分类标准设置方法来进行补充：第一，会计报表基准法；第二，用户需求法。会计报表基准法，顾名思义，就是以企业向外提供的会计报表包括资产负债表、利润表、现金流量表、资产减值准备明细表、利润分配表、股东权益增减变动表、分部报表和其他有关附表为基础，采用“IF……，THEN……”的设计思路进行分类标准元素的设置。以资产负债表中的固定资产为例来进行说明（见图 7－3），如果资产负债表中有固定资产报表项目，那么根据“如果……，那么……”的设计思路，可以进行如下的描述处理：“如果企业要向外报送财务报告，那么就需要报送资产负债表，如果报送了资产负债表，那么报表中就应该包含固定资产项目时，如果包含固定资产项目，那么就应该披露固定资产计提折旧的信息，如果披露固定资产计提折旧的信息，那么折旧方法就应该披露，如果披露折旧方法，那么不应该超出年限平均法、工作量法、双倍余额递减法和年数总和法等几种方法。如果采用了平均年限法进行折旧计算，那么就应该告知计算机该固定资产的使用年限、购置的金额、预计的残值等相关信息，同时还可以延伸。如果披露固定资产，那么可进一步分析固定资产原值变动情况、固定资产净值变动情况、固定资产结构与变动情况、生产用固定资产与非生产用固定资产之间的比例的变化情况、固定资产减值准备变动对固定资产的影响、固定资产可收回金额的确定、固定资产发生减值对生产经营的影响等相关延伸财务元素。”从以上的设计过程可以看到，当把“那么”推到最底层时，在下一层再没有“如果……，那么……”可以表述时，财务元数据也就披露出来了。而且这种设计思路，适用于任何一种层级的 Taxonomy 的设计，如只要生成财务报表的 Taxonomy，则可以把“如果……，那么……”推至Ⅰ区。如果还需要生成财务报表附注的 Taxonomy，则可以把“如果……，那么……”推至Ⅱ区。折旧方法按照这种设计思路把财务报表所涉及的元素一一进行了罗列，一步一步的元素挖掘最终将所有的财务元素按照清晰的逻辑结构全部挖掘出来。设置分类标准相对层次结构明晰，即设置了财务元素又把各元素之间的链接关系表现出来。

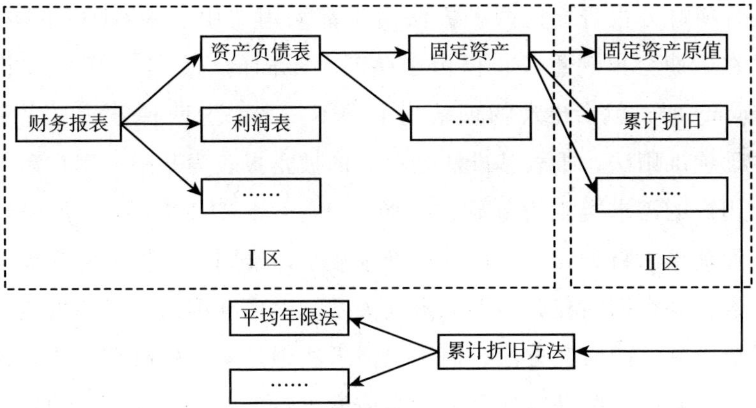

图 7－3　财务报表准则法例示

（2）用户需求法。

用户需求法不同于报告准则法，该方法是从信息的使用者的角度来挖掘财务数据元，按照用户的需求，采用“IF……，THEN……”的设计思路来设计财务数据元。以价值型投资人进行股票投资为例（见图 7－4），价值型投资人偏好成本收益比、账面价值或其他价值衡量基准偏低的股票。则依据“IF……，THEN……”设计思路推导如下：“如果价值型投资者要进行投资，就需要知道企业的市盈率，如果要知道市盈率，就需要知道每股收益率，如果要知道每股收益率，就需要知道净利润，如果要知道净利润，那么企业就应该提供利润表，如果企业要提供利润表，那么企业就应该提供主营业务收入、主营业务成本等财务数据，如果企业提供主营业务收入财务数据，那么企业就应该提供主营业务收入的分部信息。”

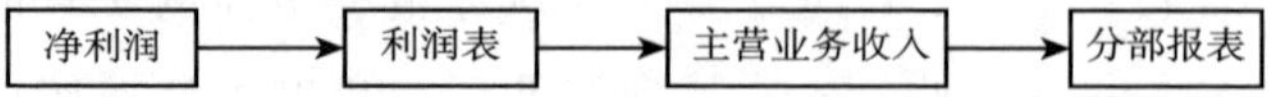

图 7-4　用户需求法例示

从以上的例示可以看出，用户需求法与报表基准法与重叠的地方，但两者的出发点不同，用户需求法是以用户的需求来挖掘财务元素，而报表基准法，是以披露准则为基础，从总体上把握披露准则所需披露的各项财务报告，这两种方法由于都采用“IF……，THEN……”，因此在后期会出现重叠，但由于是两种不同的出发点，因此在设计 Taxonomy 时，就会出现物理结构上的不一致。这两种方法又完全不同于逐项准则法，报表基准法是以总的披露报表为基础，用户需求法是以用户的需求类别为基础，按照“IF……，THEN……”的设计思路，逐渐推出财务元素，而逐项准则法是以准则为依据，逐项提取财务元素，并根据内在关系形成报表关系。逐项准则法与财务报表基准法是属于规范的研究方法，而用户需求法则是实证的研究方法。这三种方法，其中前两种方法是从后向前推出财务元素，而后一种方法是从前向后设计出财务元素。相对来说，前两种方法出现遗漏的可能性要小得多，更能保证财务披露信息的充分性。

分类标准的生成方式有两种：规范性方法和实证性方法。规范性方法是指应用 XBRL 规范对现有会计准则与制度进行解释而生成分类文档的方法即我们通常所说的逐项准则法；实证性方法是指从大量的具体财务报告中或从实践上对财务报告数据挖掘中发现规律及挖掘财务数据元的方法。两种方法相比较，规范性方法应用比较简单，基本是会计准则及制度的财务数据元的细化。实证方法相对难度较大而且要求考虑的面更广，对财务数据元的细化要求更高。从逐项准则法、报表准则法和用户需求法这三种分类标准设计方法来看，可以把前两种方法看成是规范思维，后一种方法看成是实证思维。规范研究方法解决的是“应该是什么”的问题，实证研究方法解决的是“是什么”的问题。因此要使逐项准则法成为最佳分类标准的方法，有一个非常重要的前提，即该准则要被视为会计准则标准化的最佳典范。如果依据的基础本身存在极大的缺陷，那依据其设计出来的分类标准生成的实例文档本身也必然存在先天的不足。同时逐项准则法目前只考虑的是强制披露的会计信息部分，而忽略了企业自愿披露的会计信息部分。如使报表准则法成本最佳典范，报表准则法虽能充分、全面地反映出围绕报告披露信息元数据的内容，但其与逐项准则法一样，受到披露财务报告的完美性影响。如果以用户需求为最佳标准设计思路，该思路能全面、充分地反映出分类标准的元素，但由于信息使用者的需求过多，最后将导致无法形成系统。由以上分析可以看出，最佳的设计思路，应该是三种方法结合，在逐项准则方法基础上，导入报表准则法，最后用用户需求法来进行补充和完善。

乔旭东等（2001）认为会计环境的变化导致对财务信息的新需求，财务信息的新需求必将导致财务呈报的变迁。葛家澍等（2002）认为“使用者及其对财务报告信息的需求，对于财务报告变迁具有决定性意义。”FASB（1992）认为财务报告最基本的目的就是以信息为依据满足有关决策需求。1994 年 AICPA 发表了《企业财务报告改进——面向客户》的报告，认为会计信息使用者的需求决定了企业财务报告的内容和对象，应该将会计信息使用者作为研究的对象和中心。要改进财务报告，第三方的作用非常巨大。第三方在改进财务报告方面具有得天独厚的条件，我国的财务报告披露规则是由中国证监会、财政部、证券交易所等权威机构制定，具有较强的权威性和强制性，能较好地充当第三方。美国公认会计原则过于规范，因此美国公认会计准则过于细化。国际会计准则更多基于一般原则，因此相对比较粗放。而我国会计准则的制定是与国际会计准则趋同，因此准则制定也侧重于原则导向。在采用逐项准则法制定 XBRL 分类标准时，就难免遗漏一些财务数据元，从而报告主体要自行扩展来完成财务报告的生成，如果我们分类标准的制定采用集合设置法，将国际财务报告 Taxonomy、美国会计准则 Taxonomy 与我国企业会计准则通用 Taxonomy 集合起来，当企业进行财务报告与分类标准映射时，在我国企业会计准则通用分类标准中找不到对应的财务数据元，由于美国现行会计准则极为细化，涉及的财务数据元相对更多，可以根据其内涵从国际财务报告分类标准和美国会计准则分类标准中找到映射对象，这样就可避免报告主体在扩展财务数据元时过于泛滥。

7.3.3 XBRL 基本链接库文件的扩展

由图 7-5 可以看出，元素本身具有自身特征，同时元素与元素之间通过这种网状关系建立联系，而联系的方式是通过 xlink：from 与 xlink：to 来建立，这是一种建立在计算机有向图理论基础上的一种表现方式，目前 XBRL 有五类弧，弧是对元素关系的类型的一种标识，分别是 labelArc（标签弧）、referenceArc（引用弧）、calculation-Arc（计算弧）、presentationArc（展示弧）和 definitionArc（定义弧）。而如果我们扩展了脚注链接库，就可以通过设置元素 footnoteLink 来表示脚注扩展链接库，同时在脚注链接库中设置 footnoteArc 元素来建立链接关系，在建立此链接关系时，仍使用 xlink：from 和 xlink：to 属性来建立资源与脚注的联系。

```
<footnoteLink xlink:type = "extended" xlink:role = "http://www.xbrl.org/2010/role/link" >
<loc xlink:type = "locator" xlink:href = "#idi_JiaoYiXingJinRongZiChan"
xlink:label = "ins_JiaoYiXingJinRongZiChan"/>
<footnote xlink:type = "resource" xlink:role = http://www.xbrl.org/2010/role/footnote
xlink:label = "ft_JiaoYiXingJinRongZiChan" xml:lang = "zh" >年末本公司交易性金融资产为基金投资,投资变现不存在重大限制。</footnote>
```

<footnoteArc xlink:type = " arc" xlink:arcrole = http://www. xbrl. org/2010/arcrole/factfootnote"
xlink:from = " ins _ JiaoYiXingJinRongZiChan" xlink: to = " ft _ JiaoYiXingJinRongZiChan"
order = "1"/>
</footnoteLink>

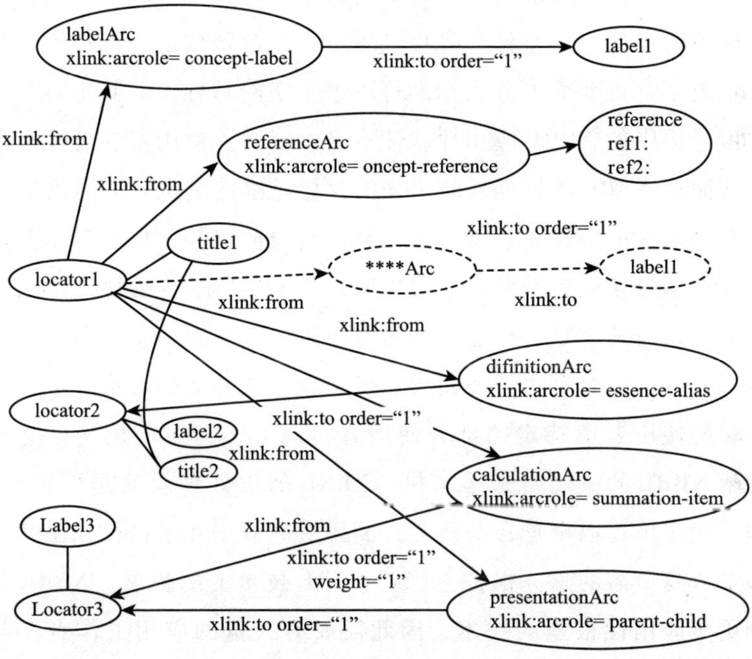

图 7－5　XBRL 基本链接库文件的扩展

7.3.4　XBRL 可扩展理论研究框架模型的提出

XBRL 的可扩展性表现了：（1）XBRL 制定者的可扩展性。XBRL 分类标准是对财务报表和其他商业报告文档进行描述和分类的系统，同时也是一个解释术语的字典。分类标准中定义的是用于交换商业住处的元数据，包括财务报告中有关财务和非财务的概念，这些概念可能是关于财务报表的，也可能是关于表外披露说明部分的。分类标准的创建应该由会计界的学者、咨询服务公司、金融分析公司、集团公司和独资公司等各个方面的专家来共同完成。而其中会计界的学者又为主要创建者。上市公司则在引入基本分类标准的基础上，通过 DTS 可以不断发掘出新的数据元素和新的业务规则。我国现已公开了企业会计准则通用分类标准，该标准的公布预示着我国 XBRL 分类标准的通用模型已经建立，会计信息提供者可以在此基础上进行扩展，从而为产生更丰富更全面的分类标准打下了坚实的基础，但其也有不足之处，由于提供的 XBRL 应用性软件不足，限制了使用者参与标准的制定，从而使 XBRL 的标准反映出来的仅仅是准则制定者的意愿。根据人是有限理性的假设，监管者也会利用自身的优势，侵害到信息提供者与其他信息使用者的利益。可以看出，XBRL 标准在制订中由于标准制定者自身的不足，也会设计出有缺陷的标准。（2）XBRL 使用者的可扩展性。随着资本市场发展和经济全球化趋势的形成，会计信息所针对的使用者由特定的部分使用者转向了不特定使用者，这种转变，给 XBRL 的应用带来了契机。XBRL 的设计理念就是可扩展性，也即不同个体可以根据自身所需，利用财务数据元素自行加工从而生成满足自身所需的财务报告。（3）XBRL 技术上的扩展。XBRL 是一个侧重于应用性很强的技术，因此需要有大量的应用工作者参与到 XBRL 的建设中，用户的真实反馈对于 XBRL 的发展和完善起到至关重要的作用。目前 XBRL 的开发设计更多的是从开发人员的角度来进行考虑，而不是从现实世界中财务报告的需求出发，这势必将影响 XBRL 的发展。对于 XBRL 实施而言，当前最重要的就是提供免费产品的下载与试用，并不断向开发者提供反馈信息。XBRL 用户并没有提交充分的有用反馈。厂家不能获取充分的反馈信息，了解他们研发的工具需要改善哪些特性，以提高它们的功能性。（4）XBRL 功能上的扩展。从 XBRL 分类标准的设置来看，XBRL 应该具有以下基本功能：第一，将所有的会计学词汇全部结构化地整合进 XBRL。目前我们发现，XBRL 研究所涉及的会计词汇主要还是集中反映为国别词汇，各国以各国自己的会计准则或会计实务为标准，开发设计适用各国自己需要的 XBRL 分类标准，因此分类标准中涉及的“会计字典”还主要只反映本国的标准，而随着全球经济一体化及地球村网络体系的建立，将来的 XBRL 应该把各种类型的会计学词汇整合入 XBRL，包括中国会计准则、IFRS、IAS 及 FASB 多个国家及组织的财务信息披露准则，同时能直接进入这些网站，当有新的财务报告准则出台时，应及时配套出台相应的分类标准。第二，XBRL 应像一个专家动态系统，不仅仅是一个财务报告的文字描述系统，更应该反映财务报告内部的内在含义。能完成财务报告的创建过程，而且能对财务报告的正确性进行校验，同时通过数字计算检验、业务规则检验以保证数据的正确性。利用 XBRL 的公式链接库管理关键指标体系，并根据现期财务报告的情况制定未来年度的预算。

7.3.5　更改财务报告的描述方式或者根据现有财务报告设计 XBR

从图 7 - 6 可以看出，将来的 XBRL CL 的分类标准的设置 XBRL GL 可以直接从会计信息系统中提取元数据及会计事实，形成 XBRL GL 的实例文档。而 XBRL GL 实例文档可以通过 < gl - srcd：summaryReportingTaxonomySchemaRefHref > Generic_tuple_

taxonomy. xsd < /gl - srcd：summaryReportingTaxonomySchemaRefHref >结构描述目标 XBRL FR 分类标准的信息。用“identifier”结构中的“organization”元素记录 XBRL FR 实例文档上下文中的实体标识符。用“entryDetail”元素下的“summaryReportingElement”元素记录 XBRL FR 实例文档里对应元素的名称，用“summaryTuplePath”元素记录这元素所在元组的 XPath。

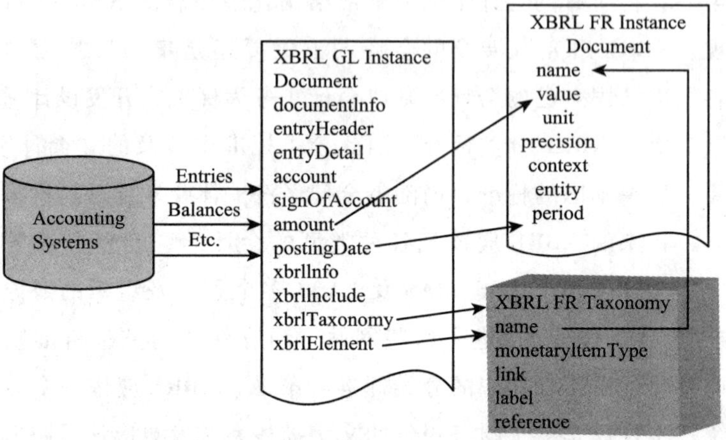

图 7 - 6　XBRL GL 与 XBRL FR 之间关系图①

从 XBRL 研究整体框架结构来看，XBRL 的研究分为两个部分：一部分是 XBR 的研究，另一部分是 XBRL 的研究。目前我们的大部分研究注重于 XBRL 技术及 XBRL 应用的研究，而忽视了基于 XBRL 技术的 XBR 的研究。从 XBR 的研究来看，可扩展财务报告主要涉及较专业的会计理论知识及实务知识，该领域的研究将完全依赖会计专家学者，这方面的研究将成为会计重点研究的对象。从 XBRL 的整个理论体系结构来看，XBRL 的内在机制及原理利用的是会计理论和会计原理，但实现的技术是计算机技术，因此 XBRL 的研究是会计专家学者与计算机专家学者共同研究的问题。目前对于 XBRL 的研究主要还是注重于 XBRL FR 的研究，停留在报告层面，不便于充分发挥 XBRL 的功能，未能深入涉及 XBRL GL 研究，因此未能达到语义网层面，XBRL 的最终应用流程如图 7 - 7 所示。

早期，由于网络技术和数据库技术的不够完善，如何获得较多的信息是信息使用者首要考虑的问题，随着技术的进一步完善，信息膨胀已造成信息海量，如何有效地获得高效的数据成为信息使用者首要

① " *XBRL for Interactive Data*".

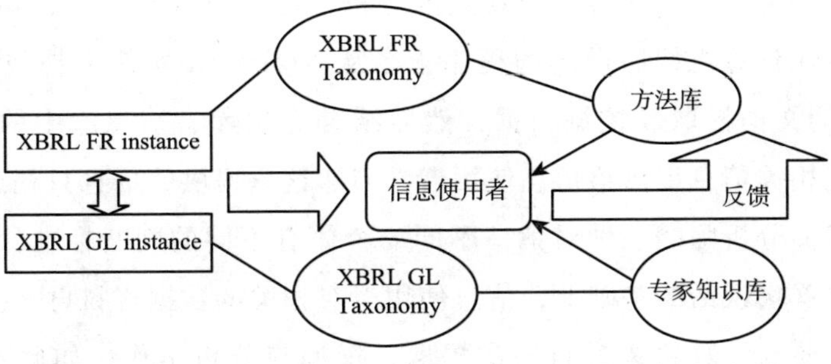

图 7－7　语义网下的 XBRL 改进

考虑的问题。XBRL 的目标就是让信息使用者获得高效的信息。要使信息使用者获得高效信息，主要是从信息的及时、充分及可靠三个角度来看。Charlie Hoffman 认为 XBRL 不是消除财务报告诟病的“万能药”，也不是金融顾问们的敛财手段，XBRL 如同电子制表软件，也是一种工具。这种思维在 XBRL 开发设计初期是正确的，但随着信息技术的不断发展，XBRL 逐渐转向语义网，XBRL 将显著地减少人工操作、强化内部控制、提高财务报告的可比性和给投资者创造一个更公平的竞争领域。Cangialosi 认为，XBRL 标记信息的使用效率较低，数据整合人员和其他财务报表使用者仍主要对基础报表中标记信息感兴趣，只有极少数的信息使用者会查看附注的详细标记，大部分使用者实际未使用的 XBRL 标记数量高达 75%。而过多的数据集标记只会导致报送延误、数据编制冗长以及公司审核效果不佳。① 然而从目前 XBRL 的演变轨迹来看，目前 XBRL 即符合财务呈报演变的历史轨迹，也具有需求动力。前期的信息使用者，根据有限理性理论，信息使用者并不确切知道需要何种信息，即使给信息使用者足够的信息，他也缺乏足够的能力去挖掘和发现信息的内在价值，但如果以 XBRL 来提供信息，那信息使用者就可绕过有限理性的“陷阱”，由于采用 XBRL 后，财务报告信息人可以读懂，同时计算机也可以读懂，在此

① http：//www. xbrl－cn. org.

基础上，可以让计算机来取代人的分析，通过引入专家库、知识库，就可以让计算机按照设定的程序指令从 XBRL FR 实例文档与 XBRL GL 实例文档提取和挖掘数据，然后结合方法库、知识库中的算法，自动把相关信息提供给信息使用者，当然这里提供的信息只相当于用户与咨询分析师的一种对话，不同的个体有不同的判断标准，因此，在获得首次谈话的基础上，信息使用者对相关的数据资料再一次进行修正，要求计算机去进行一次提取、挖掘与分析工作，如此不断循环，直至找到信息使用者满意的信息。并将此次对话记录下来，形成该信息使用者的个性化决策方案。

Klammer 和 Reed（1990）研究发现，现金流量表的两种不同列报形式影响银行信贷员有关现金流量表计算的准确性，结论是采用直接法的准确性更高些，在是否准许放贷中一致性较高。Harper 等（1987）利用 Wilkins 和 Zimmer（1983）的研究发现，以附注形式披露养老金负债，只有 10.8% 的被试者在计算负债/权益比时考虑该负债。而如果把该负债放入资产负债表中时，则有 68.3% 的被试者在计算中考虑该负债。Sami 和 Schwartz（1992）进一步发现，信贷员在对贷款利率和还贷可能性进行判断时，将养老金负债列入资产负债表要比在附注中披露保守。Desanctis 和 Jarvenpaa（1989）发现，投资者依靠图表形式的财务信息进行销售收益与费用预测，比依靠数值形式的财务信息预测准确性更高。Moriarity（1979）研究发现被试者对商业公司进行破产预测时，使用示意图预测准确性高于利用财务比率预测的准确性。从上述研究中可以看出，财务报告信息的披露形式及财务报告信息披露的格式都将影响到投资者的决策分析，而如果采用 XBRL 则不存在这方面的问题。因为 XBRL 实例文档是以元数据的形式披露财务信息，元素在整个文档中，虽然元素之间存在错综复杂的链接关系，但它们的地位是一样的。

财务报告经历了让计算机看懂的标识过程和让人能读懂的转换过程，从而实现了财务报告的扩展细化功能。一般来说，数据所包含的信息通常包括直观信息和隐含信息两部分。由于直观信息的外在性，因此相对来说容易为数据模型所表达，表现为数据模型的语义。隐含信息是内在的，通常涉及应用领域语义。重要的数据建模思想，首先确保数据的独立性，即数据同具体存储结构或管理实现方式无关，当用户建模时，不需要过多地涉及数据库的物理结构细节，只须按照对问题的理解来对数据进行建模，这样可以确保数据建模的结果可重用。其次，数据建模的过程中应尽可能多地表达数据的语义。由于现实世界中实体间存在丰富多样的关联。在一次建模中，由于对现实世界认知不全面等多种原因，虽然很难把所有的实体联系都表达出来，但是要尽可能全面地呈现数据的语义。在动态变化、分布、开放的环境中，Web 里对数据的访问没有局限于某一特定用户群或应用。这就意味着很多用户可能没有数据的背景知识，处理数据的应用也可能不是专为这些数据所开发，因此需要将数据和它的语义统一起来进行处理。语义数据模型是对现实世界的反映，它包含有所运行世界某一部分的知识模型。将多个对同一世界进行建模的语义数据模型互联，就可实现对所运行世界知识的较为全面的表示。

7.3.6 报送方式的更改研究

结合 Wallman（1995）提出的彩色报告模式的财务报告，其彩色模式分为五个层次：第一层，完全符合传统会计确认标准，即符合要素定义、可计量性、相关性和可靠性，这是财务报告的核心层；对于这一层是 XBRL 财务报告的核心层，也是设置基础分类标准元素的核心基础层。第二层，符合相关性、可计量性和要素定义，但可靠性差一点，如研发的资本化问题。在这一层中可计量，因此可以利用 XBRL 的 scenarios 语境来处理，可以对此类概念进行扩展，在元素设置中，五种链接库文件都要表现体现该元素的关系，但在生成实例文档时，可以设置语境为估计背景。第三层，符合相关性、可计量性，但可靠性和要素定义存在问题，如客户满意度的计量。在这一层中，其处理方法同第二层类似，只是在元素链接库定义中，由于定义存在模糊性，因此可以不设置定义链接库，只设置其他四种链接库。第四层，符合相关性、可靠性，也可以计量但不符合会计要素的定义，如未来经济收益。这一层的处理同第三层一样，但是由于其主要涉及的是将来的经济收益，因此在 XBRL 的 scenarios 语境中，可以设置为预计背景。第五层，只具有相关性，不具有可靠性、可计量性和会计要素定义，对于这一层次 Wallman 认为这些信息可以披露，但应该明示其估计方法与可靠程度。相对而言，这一层次模糊性最大，XBRL 要实现这一层次的报告，必须扩展实例文档中的背景设置，在背景选择项中增加一概率元素，来表达该元素相关的概率信息。在 XBRL 以前，这五种彩色报告模式一直就被看成是一种会计报告的憧憬，难以实现。然而随着信息技术的发展和 XBRL 技术的出现，彩色报告和分层报告的模式都可实现。

信息套利环境下的
XBRL研究
Chapter 8

第8章 研究结论和政策性建议

8.1 研究结论

1998 年 Hoffman 提出 XBRL，其创立者就认为 XBRL 不改变会计准则、会计制度以及披露规则，甚至当前大量的 XBRL 研究仍认为 XBRL 的出现不改变会计法律法规、会计准则和会计制度，新技术的驱动只是对财务报告的披露增加新的披露方式。因此，对于 XBRL 的开发研究主要集中于传统财务报告技术层面的模型实现。这些研究只从技术层面来考虑 XBRL，而对 XBRL 存在的理论基础及创新发展较少涉及。本书采用规范研究、实证研究和比较制度分析的研究方法，从 XBRL 会计理论基础、XBRL 计算机理论基础及会计信息披露理论出发，结合财务呈报的研究，以会计信息披露的视野，从披露的及时、充分和有效三个衡量标准出发，围绕信息披露不足引发的信息套利问题，结合 XBR、XBRL FR 和 XBRL GL 三个方面对 XBRL 的研究框架进行全面的分析，并在此基础上提出 XBR、XBRL FR 及 XBRL GL 的改进模型，在改进模型中进一步研究发现，XBRL 技术的充分发展和应用是财务语义网实现的基础，而在语义网的框架下，XBRL 对会计准则、会计制度及披露规则将产生巨大的影响。在此研究过程中得出以下结论：

第一，我国会计信息披露存在不及时性、不充分性及非完全有效性。

本书通过对会计信息披露水平的三项标准及时性、全面性及有效性分别进行分析研究，发现上市公司财务信息披露在及时性方面存在同等条件下，每股收益相对上年降低的上市公司及 ST 类上市公司年报披露时滞时间较长，年报披露相对更不及时，而时滞时间与企业资产负债率的变化情况、上市地及上市公司资产规模没有显著的相关性。从中可以发现，上市公司披露时滞更多的是与经营业绩相关，而非外在其他因素。同时，本书采用规范研究发现，上市公司在人力资源信息披露、研发费用披露、偿债能力披露关联方关系及其交易披露、财务状况及文字描述性信息披露上存在极大的不充分性。为了分析会计信息披露的有效性，本书采用收益激进度和收益平滑度对上市公司的应计项目进行分析，发现上市公司整体的收益激进度相对于以前年度有所上升，而收益平滑度有所下降。对上市公司 ST 类公司单独进行分析发现 ST 公司的收益激进度明显大于非 ST 类上市公司，从而有证据说明，ST 类上市公司更有意图利用会计处理方法及会计人员判断来处理上市公司业务事项。在对我国会计信息披露水平三项标准的分别研究综合可以得出，我国上市公司在会计信息披露时间上存在较长的时滞，在信息披露的内容方面存在不充分性，需要从很多方面进行补充披露，同时我国会计信息披露质量也需要进一步提高，还存在较大的不透明性。在此基础上，可以推断出，我国上市公司信息披露存在不足，而上市公司披露的信息是资本市场上市公司与利益相关者的最重要的桥梁。如果披露上存在瑕疵，必将加大上市公司外部信息使用者获取和加工信息的成本，甚至会导致出现“劣币驱除良币”的现象。与此同时，也会加大上市公司募集资本的成本，最终导致资本市场资源配置的不当，影响资本市场健康有序的发展。

第二，我国资本市场存在利用上市公司私有信息进行套利现象。

由于信息披露上的不足，也就意味着资本市场上必然存在信息优势者和信息劣势者两种利益群体。在资本市场，各种参与者参与市场交易交易的是证券，而实质上交易的更是信息。信息优势群体利用获取、加工信息上的优势地位谋取利润。正常情况下的信息套利是允许的，但如果是利用信息披露上的瑕疵进行牟利，则应予以规避。本书利用 CAPM 这一基于预期的无套利的均衡理论模型，采用统计学上关于线性回归模型拟合度的度量指标，对我国资本市场信息套利行为进行分析研究，发现我国资本市场上存在信息套利现象，但随着会计信息披露制度的进一步完善，信息套利情况比以前年度有所好转，同时利用各类上市公司收益与大盘收益回归拟合度 R^2 进行比较分析，发现新兴行业信息套利潜在可能性大于传统行业，对新兴行业进一步细化，可以发现深交所上市公司信息套利的潜在可能性大于上证所上市公司，创业板上市公司信息套利潜在可能性大于上证所上市公司。同时，利用基金公司与非基金公司之间的 R^2 进行分析，发掘上市公司还存在知识套利的现象，从而为 XBRL 方法库、专家库设计提供理论基础。

第三，XBRL 可以最大限度地提高会计信息披露的质量，并将私有信息套利行为减小到最小程度。

XBRL 下的财务报告信息披露理论建立在新古典理论、规范理论、实证理论和比较制度分析理论基础上，新古典理论为建立理想化 XBR 提供理论依据。规范理论为 XBRL 设计、实施采用“最优”管制提供理论支持，实证理论则为 XBRL 的用户需求用户需求设计思想找到理论根基；比较制度分析为 XBRL 分类标准改进提供新思路。在财务报告信息披露理论基础上，分析研究了 XBRL 与会计信息披露及信息套利之间的关系，得出利用 XBRL 可解决信息披露不及时、不充分、质量不高及信息套利的问题，为 XBRL 引入财务领域铺平道路。最后对 XBRL FR 及 XBRL GL 进行系统、完整的研究，从 XBRL 产生的会计理论基础、计算机理论基础及财务呈报理论基础上，论述了 XBRL 产生的必然性，然后结合 XBRL 的发展历程对 XBRL 的理论框架模型详细进行分析研究，XBRL FR 沿着 XBRL Specification、XBRL Taxonomy、eXtensible Taxonomy、XBRL instance、XBRL 报送路线展开研究，XBRL GL 则从 XBRL GL 框架结构进行研究。两者结合从 CSS/XSL 样式表、XBRL 实施、应用的角度展开研究，通过对现存的 XBRL 框架进行系统、综合的研究，结合前面的理论及研究成果，提出对 XBRL 的改进意见。

第四，XBRL 不仅仅是对财务报告报送方式的改变，是对原有会计准则的遵循，XBRL 同样促进会计准则及会计制度改变与完善。

首先对 XBRL 框架结构进一步细分，提出 XBRL 的研究应该分两步走，即沿着当前的研究方向对 XBRL 进一步扩展与完善，同时要对 XBR（可扩展商务报告）进行研究，对于 XBR 的研究，可以结合当前会计理论前沿研究，收集对财务信息使用者有用的信息，对会计理论进行相应更改，打破传统对 XBRL 的误解，认为 XBRL 不改变现有的会计准则与制度，得出 XBRL 可以改变现有的会计准则与会计制度的结论。对于 Taxonomy 的设计，本书结合 DTS 概念，提出新的 Taxonomy 设计思路，变静态的 Taxonomy 框架结构为动态 Taxonomy，并引入“IF…THEN…”的 Taxonomy 框架设计思路，以便全面、系统地设计 Taxonomy 框架。最后，结合语义网，得出 XBRL 可以从模式文件、链接库文件及报送机制上进行扩展的结论。

8.2 政策性建议

本书通过对我国上市公司财务信息披露的及时性、充分性及有用性的分析，得出我国资本市场上存在信息套利的现象，在此基础上提出 XBRL 的改进后的研究框架。这对于解决我国资本市场信息披露问题提供政策上的建议：

第一，利用 XBRL 增加上市公司信息披露的内容。结合 Wallman 提出的五层财务报告模式，对于上市公司的信息内容进行分类，可以分为可确认、可计量，可确认、不可计量，不可确认、可计量，不可确认、不可计量四种状态，对于第一种状态，目前我国已有的 XBRL 框架结构可以解决；对于第二种状态，既可以利用实例文档中的元素 scenarios，把其值设置为“估计”来披露其估计计量值，也可直接与该确认元素建立文本扩展链接利用大文本块进行描述；对于第三种状态，无法在基本元数据中找到对应元素，则只能新设扩展元素，同时利用实例文档中的元素 scenarios，把其值设置为“预计”，会计事实与该扩展元素进行映射；对于第四种状态，无法在基本元数据中找到对应元素，则只能新设扩展元素，利用大文本块来对应该扩展元素。

第二，XBRL Taxonomy 设置应该分为四个层次：第一层次为 IFRS Taxonomy；第二层次为本国 Taxonomy；第三层次为行业 Taxonomy；第四层次为主体 Taxonomy。而这四个层次中，只有第二层次的 Taxonomy 是核心层，是所有主体都必须遵循与具有强制性，对本国上市公司信息披露具有绝对的权威性。第一层次是对各国的 Taxonomy 进行分析研究，挖掘出 Taxonomy 的共性，并结合 IFRS 进行分析设置，可作为国际 XBRL 组织认证的标准，对跨国公司信息披露具有一定的权威性。第三层次则是对第二层次的补充，可由行业协会来设置其遵循的力度。第四层次则由主体根据自身披露报告的实践，自我扩展结果，该层 Taxonomy 最不具有强制性，但可以作为第一到三层设置的参考基础。

第三，在完善 XBRL FR 基础上，加大对 XBRL GL 分类标准的开发应用。XBRL GL 是 XBRL FR 进行数据钻取的基础，XBRL FR 是 XBRL GL 数据汇总的集合。XBRL GL 的开发应用有两种设置思路：第一种以 XBRL FR 元数据为基础，向下钻取至 XBRL GL 元数据；第二种思路，以现有的财务信息系统软件为基础，利用 XML 导入/导出工具对应用系统文件进行转化，从而形成 XBRL GL 格式文件。目前由于只注重对 XBRL FR 研究，只解决会计信息披露、报送和利用问题，而对于披露会计信息的生成、加工环节的研究却严重不足，无法最大化体现 XBRL 的功效，影响 XBRL 的进一步推广。

第四，在 XBRL FR 研究的基础上，增大对财务报告系统语义网的开发研究。由于 XBRL 实例文档经过一系列校验机制检验，并且在 XBRL 分类标准中设置了元数据之间的相互链接关系，封装的 XBRL 分类标准形成了一个严密的关系网，把元素与元素之间的关系表现得清晰明了。在此基础上，明确清晰的概念为语义网的开发提供了坚实的物质基础。

第五，进一步加大对 XBRL 元素及链接关系的扩展研究。当前我国对于 XBRL 中的会计概念的设置与财务相关的设置仅停留在日期、数据类型及借贷方向三个方面上，而实际与会计概念有关和处理方法，计量方式、计量结果的状态没有设置。对于链接库的设置，目前主要只有计算、定义、标签、引用、展示和脚注六种，虽然对计算链接进行了扩展，引入了公式链接库，但很明显，这种链接库形式还远远不够，应加大对元素及扩展链接库的研究。

第六，进一步加大对 XBRL 方法库和专家库的设置。在有限理性理论假设下，大部分信息使用者是无法完全充分理解上市公司披露的会计信息，而 XBRL 的主要目的就是要让计算机能读懂财务报告，也就是要让计算机模拟信息使用者去收集数据，因此应在计算机收集数据的基础上，让计算机去分析研究数据，最终代替用户以专家的身份去进行决策，这一环节的实现在 XBRL 发展到一定程度上，通过设置方法库和专家库可以解决。从目前我国的实情来看，分析师及中介机构对于资本市场的稳定作用非常有限。甚至有些分析师与中介机构出于个人利益最大化，利用个人专业知识，误导中小股民，目前我国出现了大量昙花一现的明星或金牌分析师也说明了这个问题，如果在 XBRL FR 基础上，加大对专家库、知识库的开发设计，中小投资者可以利用该数据库自我调整自己的预期指标并与计算机不断进行反馈调整，从而在浩如烟海的上市公司披露信息中找到自己认可的价值企业。

第七，进一步开放分类标准和提供实例文档的资料。目前参与我国 XBRL 应用软件研发的软件公司比较少，开发环境不透明，垄断的开发环境势必影响 XBRL 应用软件开发，而且会造成开发的效率较低下。同时又限制了 XBRL 的可扩展性，不利于 XBRL 的实施。XBRL 不同于一般的财务软件，财务软件主要针对于一个会计主体，提高的是一个主体会计处理能力，而 XBRL 针对的不是一具体主体，它的一个特点是应用者越多，优势越明显，因此 XBRL 应用软件越多，竞争将使价格越低廉，从而使参与 XBRL 实施和研发者也越多，XBRL 的 DTS 也就越丰富，可用于数据挖掘的素材也就越广。根据 XBRL 开发的几个步骤，财务报表层面的 XBRL 应用软件应该免费供大家试用，就像一般的财务软件都提供试用版本供潜在的用户用于学习和了解该软件的性能。XBRL 也一样只有让更多的人了解 XBRL 应用的优点，亲身体会到 XBRL 带来的乐趣，从而提供更多的反馈意见，增加更多的热情从事 XBRL 的实践和研发，XBRL 才会越来越体现出自身的魅力。对于 XBRL GL 层面的应用软件则可采用收费的方式来保障研发，而不是一开始就分类标准不开放和实例文档不提供下载。让实施者产生一种规避的思想，从而不愿或敷衍应付了事。XBRL 的进一步开放将打破以前只有大的机构用户才能获取和下载大量财务数据的专利，任何有计算机和网络连接的用户都可获取和下载 XBRL 实例文档并进行分析。

第八，中国证券业作为一个行业，建立统一的分类标准；利用我国证券监管及会计准则会计制度官方权威的优势，XBRL 的分类标准建立的成功在很大程度上依赖于制定实施者的权威性，由于权威性的存在，独立第三方可以根据最大多数投资者利益最大化原则来设置分类标准，并决定披露内容，从而可以建立统一而系统的分类标准。权威性的存在，可以要求相关各方积极参与到分类标准的制定与设计中来，并可以利用各方的技术优势开发设计前沿的分类标准体系结构。

8.3　进一步研究的方向

XBRL 也有不足之处，XBRL 强调在通用格式上的实际内容的传输，XBRL 实例文档进行 XBRL 处理器读取时，签名、加密、正则化、压缩等方式进行的处理都将被还原，因此 XBRL 技术不考虑像其他数据通过加入错误校验位或通过哈希总数加密和利用私钥签名等方式来提高数据的完整性与机密性。同时，XML 文档还不能替代数据库，很多数据库所要求的特性 XML 文档不具备，如索引（index）、存储过程（stored procedure）、触发器（trigger）、事务（transaction）、并发访问控制（concurrent access control）等。虽然 XML 还成不了数据库，但很多关系数据库系统，如 Oracle、Microsoft SQL Server 等已经提供对 XML 的支持，包括直接从关系数据中生成 XML 查询结果，根据 XML 文档更新数据库中的记录，甚至可以直接将 XML 文档保存到数据库。因此将来应加大对 XBRL 数据库的开发研究。

目前，部分上市公司将采用 XBRL 进行财务信息的披露，因此也将获得相应公司的样本数据，可采用配对分析的方法，通过时间上的配比发现其披露的质量，通过纵向的配比分析可以发现其披露的效果。并可以是否披露作为被解释变量，以其他因素作为解释变量来进一步地分析制约 XBRL 采用的因素。

附　　录

附录 1

片段 1　数据项及元组设置示例

数据项设置示例：

```
< element name = " ZiChan"  id = " clcid - pt_ZiChan"  periodType = " instant"  balance = " debit"
Abstract = " flase"  substitutionGroup = " item"  type = " monetaryItemType" / >
```

元组的设置示例：

```
< element id = " Deposit"  name = " Deposit"
substitutionGroup = " tuple"  nillable = " true"  >
< complexType >
< complexContent >
< restriction base = " anyType"  >
< sequence >
< element ref = " DepositDescription"  minOccurs = " 1 " / >
< element ref = " DepositAmount"  minOccurs = " 0 " / >
< element ref = " EffectiveInterestRate"  minOccurs = " 0 " / >
< /sequence >
< /restriction >
< /complexContent >
< /complexType >
< /element >
```

附录 2

片段 2　计算链接库文件

```
< linkbase xmlns = http://www. xbrl. org/2003/linkbase
xmlns:xbrli = http://www. xbrl. org/2003/instance
xmlns:xlink = http://www. w3. org/1999/xlink
xmlnx:xsi = http://www. w3. org/2001/XMLSchema - instance
xsi:schemaLocation = " http://www. xbrl. org/2003/linkbase
http://www. xbrl. org/2003/xbrl - linkbase - 2003 - 12 - 31. xsd" / >
< calculationLink xlink:type = " extended" xlink:role = http://www. xbrl. org/2003/role/link >
```

```
< loc xlink:type = "locator" xlink:href = " cn - pte - 2010 - 12 - 31. xsd#cn - pte_HuoBiZiJin"
xlink:label = " cn - pte_cn - pte_HuoBiZiJin" / >
< loc xlink:type = "locator" xlink:href = " cn - pte - 2010 - 12 - 31. xsd#cn - pte_XianJinHeJi"
xlink:label = " cn - pte_cn - pte_XianJinHeJi" / >
< calculationArc xlink:type = " arc"
xlink:arcrole = http://www. xbrl. org/2003/arcrole/summation - item"
xlink:frome = " cn - pte_HuoBiZiJin"
xlink:to = " cn - pte_XianJinHeJi" order = " 1 " weight = " 1 " use = " optional" / >
< /calculationLink >
< /linkbase >
```

附录 3

片段 3　展示链接库文件

```
< linkbase xsi:schemaLocation = " http://www. xbrl. org/2003/linkbase
http://www. xbrl. org/2003/xbrl - linkbase - 2003 - 12 - 31. xsd"
xmlns = http://www. xbrl. org/2003/linkbase
xmlns:xbrli = http://www. xbrl. org/2003/instance
xmlns:xlink = http://www. w3. org/1999/xlink
xmlnx:xsi = http://www. w3. org/2001/XMLSchema - instance/ >
< roleRef roleURI = http://xbrl. casc. gov. cn/cn/role/TupleContentModelsPTETerms
xlink:type = " simple"  xlink:href = " cn - pte - 2010 - 12 - 31. xsd# TupleContentModelsPTE-
Terms" / >
< presentationLink xlink:type = " extended"
xlink:role = " http://xbrl. casc. gov. cn/cn/role/ TupleContentModelsPTETerms" >
< loc xlink:type = " locator"
xlink:href = " cn - pte - 2010 - 12 - 31. xsd # cn - pte _ ZaiJianGongChengJianZhiZhun-
BeiBianDongQingKuang"
xlink:label = " cn - pte_ZaiJianGongChengJianZhiZhunBeiBianDongQingKuang" / >
< loc xlink:type = " locator"
xlink:href = " cn - pte - 2010 - 12 - 31. xsd # cn - pte _ ZaiJianGongChengJianZhiZhunBe-
iXiangMu"
xlink:label = " cn - pte_ZaiJianGongChengJianZhiZhunBeiXiangMu" / >
< presentationArc xlink:type = " arc"
xlink:arcrole = http://www. xbrl. org/2003/arcrole/parent - child
xlink:frome = " cn - pte_ZaiJianGongChengJianZhiZhunBeiBianDongQingKuang"
xlink:to = " cn - pte_ZaiJianGongChengJianZhiZhunBeiXiangMu" order = " 1 " / >
< /presentationLink >
< /linkbase >
```

附录 4

片段 4　定义链接库文件

```
< linkbase xmlns = http://www. xbrl. org/2003/linkbase
xmlns:xbrli = http://www. xbrl. org/2003/instance
xmlns:xlink = http://www. w3. org/1999/xlink
xmlnx:xsi = http://www. w3. org/2001/XMLSchema - instance
xsi:schemaLocation = " http://www. xbrl. org/2003/linkbase
http://www. xbrl. org/2003/xbrl - linkbase - 2003 - 12 - 31. xsd" / >
< definitionLink xlink:type = " extended" xlink:role = http://www. xbrl. org/2003/role/link >
< loc xlink:type = " locator" xlink:href = " cn - pte - 2010 - 12 - 31. xsd#cn - pte_ZiChan-
ZongJi"
xlink:label = "cn - pte_ZiChanZongJi_lbl" xlink:title = " ZiChanZongJi" / >
< loc xlink:type = " locator"
xlink:href = " cn - pte - 2010 - 12 - 31. xsd#cn - pte_FuZhaiHeGuDongQuanYiHeJi"
xlink:label = " cn - pte_FuZhaiHeGuDongQuanYiHeJi_lbl"
xlink:title = " FuZhaiHeGuDongQuanYiHeJi" / >
< definitionArc xlink" type = " arc"
xlink:arcrole = http://www. xbrl. org/2003/arcrole/essence - alias
xlink:from = " cn - pte_ZiChanZongJi_lbl" xlink:to = " cn - pte_FuZhaiHeGuDongQuanYiHeJi_lbl"
xlink:title = " definition: ZiChanZongJi to FuZhaiHeGuDongQuanYiHeJi" order = " 1. 0" / >
< /definitionLink >
< /linkbase >
```

附录 5

片段 5　标签链接库文件

```
< linkbase xmlns = http://www. xbrl. org/2003/linkbase
xmlns:xlink = http://www. w3. org/1999/xlink
xmlnx:xsi = http://www. w3. org/2001/XMLSchema - instance
xsi:schemaLocation = " http://www. xbrl. org/2003/linkbase
http://www. xbrl. org/2003/xbrl - linkbase - 2003 - 12 - 31. xsd" / >
< labelLink xlink:type = " extended" xlink:role = " heep://www. xbrl. org/2003/role/link" >
< loc xlink:type = " locator"
xlink:href = " cn - pte - 2010 - 12 - 31. xsd#cn - pte_JiaoYiXingJinRongZiChan"
xlink:label = " cn - pte_JiaoYiXingJinRongZiChan/ >
< label xlink:type = " resource" xlink:label = cn - pte_JiaoYiXingJinRongZiChan_lbl"
xml:lang = " zh" xlink:role = http://www. xbrl. org/2003/role/label" >交易性金融资产
< /label >
< labelArc xlink:type = " arc"
```

```
xlink:arcrole = http://www.xbrl.org/2003/arcrole/concept - label
xlink:from = "cn - pte_JiaoYiXingJinRongZiChan"
xlink:to  = "cn - pte_JiaoYiXingJinRongZiChan_lbl" order = "1" / >
 < /label >
 < /labelLink >
 < /linkbase >
```

附录 6

片段 6　引用链接库文件

```
 < linkbase xmlns = http://www.xbrl.org/2003/linkbase
xmlns:xbrli = http://www.xbrl.org/2003/instance
xmlns:xlink = http://www.w3.org/1999/xlink
xmlns:xsi = http://www.w3.org/2001/XMLSchema - instance
xmlns:ref = " http://www.xbrl.org/2004/ref"
xsi:schemaLocation = " http://www.xbrl.org/2003/linkbase
http://www.xbrl.org/2003/xbrl - linkbase - 2003 - 12 - 31.xsd
http://www.xbrl.org/2004/ref http://www.xbrl.org/2004/ref - 2004 - 08 - 10.xsd" >
 < referenceLink  xlink: type  =  " extended"  xlink: role  =  " heep://www.xbrl.org/2003/role/
link" >
 < loc xlink:type = " locator" xlink: href = " cn - pte - 2010 - 12 - 31.xsd#cn - pte_HuoBiZ-
iJin"
xlink:label = " cn - pte_cn - pte_HuoBiZiJin" / >
 < referenceArc xlink:type = " arc"
xlink:arcrole = http://www.xbrl.org/2003/arcrole/concept - reference"
xlink:frome = " cn - pte_HuoBiZiJin"    xlink:to = " cn - pte_HuoBiZiJin_ref" / >
 < reference xlink:type = " resource" xlink:role = " heep://www.xbrl.org/2003/role/reference"
xlink:label = " cn - pte_cn - pte_HuoBiZiJin _ref >
    < ref:Publisher >财政部 < /ref:Publisher >
    < ref:Name >财政部 < /ref:Name >
    < ref:Charpter >财政部 < /ref:Charpter >
    < ref:Section >财政部 < /ref:Section >
    < ref:Clause >财政部 < /ref:Clause >
    < /reference >
    < /referecneLink >
    < /linkbase >
```

附录 7

片段 7　XBRL 实例文档示例

```
< xbrl
xmlns = " http://www. xbrl. org/2003/instance"
xmlns:xsi = " http://www. w3. org/2001/XMLSchema - instance"
xmlns:link = " http://www. xbrl. org/2003/linkbase"
xmlns:xlink = " http://www. w3. org/1999/xlink"
xmlns:iso4217 = http://www. xbrl. org/2003/usi4217
xmlns:cn - pte = http://xbrl. casc. gov. cn/cn/pte/2010 - 12 - 31
xmlns:cn - common = http://xbrl. casc. gov. cn/cn/common/2010 - 12 - 31
xsi:schemaLocation = " http://xbrl. casc. gov. cn/cn/pte/2010 - 12 - 31
http://xbrl. casc. gov. cn//cn/pte/2010 - 12 - 31/cn - pte - 2010 - 12 - 31. xsd" >

< link:schemaRef
xlink:type = " simple"
xlink:href = http://xbrl. casc. gov. cn/cn/pte/2010 - 12 - 31/cn - pte - 2010 - 12 -
31. xsd/ >

< context id = " C_instant_20111231" >
< entity >
< identifier schema = " http://www. casc. gov. cn/" > *** 公司 < /identifier >
< segment >
< cn - common:CtxName > 合并公司 < /cn - common:CtxName >
< /segment >
< /entity >
< period >
< instant > 2011 - 12 - 31 < /instant >
< /period >
< /context >

< unit id = " U4" >
< measure xmls: ISO4217 = " http://www. xbrl. org/2003/iso4217 " > ISO4217: CNY < /
measure >
< /unit >
```

参考文献

[1] Watts, R. Z. Agency Problems, Auditing, and the Theory of the firm: "Some Evidence" [J]. journal of Law and Economics. 1983 (26): 613 - 633.

[2] Randall, M. , Y. Bernard. Agency Proplems in Large Business Groups, Entrepreneurship Theory and Practice [M]. 2003.

[3] Jones. C, An Analysis of the Effectiveness of Discretionary Accrual Measures. [C]. working paper. 1999.

[4] Feng Li. Annual report readabılity, current earnings, and earnings persistence [J]. Journal of Accounting and Economics. 2008 (45): 221 - 247.

[5] Bovee, M. , et al. Assessing the 07/31/2000 XBRL Taxonomy for Digital Financial Reports of Commercial and Industrial Firms [Z]. SSRN eLibrary. 2001.

[6] Plumlee. D, M. A. Plumlee. Assurance on XBRL for Financial Reporting [Z]. SSRN eLibrary. 2008.

[7] Srivastava. R. P, A. Kogan. Assurance on XBRL Instance Document: A Conceptual Framework of Assertions [Z]. SSRN eLibrary. 2009.

[8] Hansen. G. Bias and Measurement Error in Discretionary Accurals Models [Z]. Working paper. 1999.

[9] Thomsen. S. Torben Pederena, Hans Kurt Kvist. Block - holder

ownership: Effects on firm value in market and control based governance systems holder ownership: Effects on firm value in market and control based governance systems [J]. Journal of Corporate Finance. 2006 (12): 246 – 269.

[10] Bartley. J. W, Y. A. Chen, E. Z. Taylor. A Comparison of XBRL Filings to Corporate 10 – Ks – Evidence from the Voluntary Filing Program [Z]. SSRN eLibrary. 2010.

[11] Thomsen. S. Conflicts of Interest or Aligned Incentives? Blockholder Ownership, Dividends and Firm Value in the US and the EU Blockholder Ownership, Dividends and Firm Value in the US and the EU [J]. European Business Organization Law Review. 2005 (6): 201 – 225.

[12] RK. E. Confronting the Future: Choices for the Attest Function [J]. Accounting Horizons. 1994, 8 (3): 106 – 124.

[13] Brow. L. D, M. L. Caylor. Corporate Governance and Firm Operating Performance [Z]. SSRN eLibrary. 2006.

[14] Peng. C. Y. J. Data Analysis Using SAS [M]. SAGE PublicationsInc. 2009.

[15] Healy. P. Discussion of' A Market – Based Evaluation of Discretionary Accrual Models' [J]. Journal of Accounting Research. 1996 (34): 107 – 115.

[16] Jones. J. Earning Management During Import Relief Investigations [J]. Journal of Accounting Research. 1991 (29): 193 – 228.

[17] Ming. J. a. T. J. W. Earnings Management and Tunneling through Related Party Transactions : Evidence from Chinese Coporate groups [Z]. SSRN Working Paper. 2004.

[18] Liu. Q. a. J. L. Earnings management to tunnel: evidence from China's listed companies [Z]. Working Paper, CCFR, University of Hong Kong. 2003.

[19] Ross, S. The economic theory of agency: The principal's problem [J]. American Economic Review. 1973 (63): 134 - 139.

[20] Healy. P. The Effect of Bonus Scheme on Accounting Decisions [J]. Journal of Accounting and Economics. 1985 (7): 85 - 107.

[21] Bekaert. G. , C. Harvey. Emerging equity market volatility [J]. Journal of Financial Economics. 1997 (43): 29 - 77.

[22] Bergeron. B. P. Essentials of XBRL : financial reporting in the 21st century [M]. Hoboken, N. J. : Wiley. xvii. Essentials series. 2003: 220.

[23] Sorter. G. H. An "Events" Approach to Basic Accounting Theory [J]. The Accounting Review. 1969 (1): 12 - 19.

[24] Bekaert. G, C. Harvey. Foreign speculators and emerging equity markets [J]. Journal of Finance. 2000 (55): 565 - 613.

[25] Wallman. S. M. H. The Future of Accounting and Financial Reporting, Part 2: The Colorized Approach [J]. Accounting Horizons. 1996 (6): 138 - 148.

[26] SMH. W. The Future of Accounting and Disclosure in an Evolving World: The Need for Dramatic Change [J]. Accounting Horizons. 1995, 9 (3): 81 - 91.

[27] Wallman. S. M. H. The Future of Accounting and Disclosure in an Evolving World : the Need for Dramaticchange [J]. Accounting Horizons. 1995, 9 (3): 81 - 91.

[28] SMH. W. The Future of Accounting and Financial Reporting, Part 2: The Colorized Approach [J]. Accounting Horizons. 1996 (6): 138 - 148.

[29] Tarantino. A. Governance, risk, and compliance handbook: technology, finance, environmental, and international guidance and best practices [M]. Hoboken, N. J. : John Wiley & Sons. liii. 2008: 972.

[30] Gerald. T. Interactive Data – Building XBRL Into Accounting Information System [Z]. The Canadian Institue of Chartered Accountants. 2007.

[31] Trites. G, Canadian Institute of Chartered Accountants. Interactive data: building XBRL into accounting information systems [M]. Toronto: Canadian Institute of Chartered Accountants. 2007: 100.

[32] Stern. J. C. Internal capital markets and the competition for corporate resources for corporate resources [J]. Journal of Finance. 1997 (52): 111 – 133.

[33] Richards. J, Sr. B. Smith. Sr, a. Saeedi. An Introduction to XBRL [Z]. SSRN eLibrary. 2006.

[34] Farewell. S. M. An Introduction to XBRL through the Use of Research and Technical Assignments [J]. Journal of Information Systems – Teaching Notes. 2006, 20 (1): 8 – 9.

[35] La Porta. R, F. Lopez – de – silanes, A. Shleifer, R. Vishny. Law and finance [J]. Journal of Political Economy. 1998 (106): 1113 – 1155.

[36] La Porta, R, F. Lopez – de – silanes, A. Shleifer, R. Vishny. Legal determinants of external finance [J]. Journal of Finance. 1997 (52): 1131 – 1150.

[37] Efendi. J, L. Smith, J. Wong. Longitudinal Analysis of Voluntary Adoption of XBRL on Financial Reporting [Z]. SSRN eLibrary. 2009.

[38] Holmstrom. B. Modal Hazard and Observability [J]. journal of Econometrics. 1979 (10): 74 – 91.

[39] Holmstrom. B. Moral Harzard in Teams [J]. Journal of Econometrics. 1982 (13): 324 – 340.

[40] Debreceny. R, C. Felden, M. Piechocki. New dimensions of

business reporting and XBRL [M]. Deutscher Universitäts – Verlag: Wiesbaden. 2007: 271.

[41] Debreceny. R, SpringerLink (Online service) . New Dimensions of Business Reporting and XBRL [M]. Deutscher Universitats – Verlag: Wiesbaden. 2007.

[42] Roe. M. Political precondition to separating ownership from control [J]. Stanford Law Review. 2000, 53 (3): 539 – 606.

[43] Watts. R. Z. J. Positive Accounting Theory [M]. Englewood Cliffs: Prentice Hall. 1986.

[44] Watts. R. Z. J. Positive Accounting Theory: A Ten Year Perspective [J]. The Accounting Review. 1990 (65): 131 – 156.

[45] Harvey. C. Predictable risk and returns in emerging market [J]. Review of Accounting Studies. 1995 (8): 773 – 816.

[46] Richard. R.. R ~ 2 [J]. Journal of Finance. 1988 (43): 541 – 66.

[47] William M. K. Trochim, J. P. D. The Research Methods Knowledge Base [M]. Atomic Dog. 2008.

[48] Boritz. E. , W. G. No. SEC's XBRL Voluntary Program on Edgar: The Case for Quality Assurance [Z]. SSRN eLibrary. 2008.

[49] Andrew Dagys. P. M. Stock Investing For Canadians For Dummies [M]. John Wiley & Sons Canada, Ltd. 2010.

[50] RK. E. The Third Wave Breaks on the Shores of Accounting [J]. Accounting Horizons. 1992, 6 (2): 61 – 85.

[51] Bekaert. G, C. Harvey. Time varying world market integration [J]. Journal of Finance. 1995 (50): 403 – 444.

[52] Watts. R. Z. , J. Toward a Positive Theory of the Determination of Accounting Standards [J]. The Accounting Review. 1978 (53): 112 – 134.

[53] Zambon. S, G. Marzo. Visualising intangibles : measuring and reporting in the knowledge economy [M]. Aldershot, England; Burlington, VT: Ashgate. xiv. 2007: 268.

[54] Stefano Zambon, G. M. Visualising intangibles: measuring and reporting in the knowledge economy [M]. Ashgate Publishing Limited. 2007.

[55] Harvey. C. The world price of covariance risk [J]. Journal of Finance. 1991 (46): 111 –157.

[56] Welker, U. B. H. D. M. The World Price of Earnings Opacity [Z]. work paper. 2002.

[57] www. xbrl. org.

[58] Hoffman. C. , L. A. Watson. XBRL for dummies [M]. NJ: Wiley Pub. Hoboken xviii. 2010: 412.

[59] Debreceny. R. XBRL for interactive data engineering the information value chain. Springer: Berlin. 2009: 214.

[60] 吕科，刘晓锋. XBRL 技术原理与应用 [M]. 北京：电子工业出版社，2007.

[61] 吕科，谷士斌. XBRL 数据集成处理与分析 [M]. 北京：电子工业出版社，2008.

[62] XBRL: How It Can Improve Todays Business Environment [M]. XBRL Expree.

[63] 高锦萍. XBRL 财务报告分类标准研究 [M]. 立信会计出版社，2008.

[64] 苏秀花. XBRL 基本框架的理论探讨 [J]. 中国管理信息化，2006，9 (2)：3.

[65] 布赖恩·伯杰伦. XBRL 语言精要——21 世纪的财务报告 [M]. 北京：中国人民大学出版社，2004.

[66] 查尔斯·霍夫曼. XBRL 在财务报告中的应用 [M]. 北

京：中国财政经济出版社，2008.

[67] 陆正飞，姜国华，张然．财务会计与资本市场实证研究［M］．北京：中国人民大学出版社，2009.

[68] 刘勤．对当前一些有关 XBRL 流行观点的思考［J］．会计研究，2006（8）：6.

[69] 李维安，程新生．公司治理评价及其数据库建设［J］．中国会计评论，2005，3（2）：14.

[70] 财政部会计准则委员会．国际财务报告准则分类标准指南［M］．北京：中国财政经济出版社，2009.

[71] 财政部会计准则委员会．国际财务报告准则可扩展业务报告语言分类标准 2008［M］．北京：中国财政经济出版社，2008.

[72] 财政部会计准则委员会．国际财务报告准则可扩展业务报告语言分类标准 2009［M］．北京：中国财政经济出版社，2009.

[73] 蔡春，谭洪涛．会计实证模型与方法研究［M］．西南财经大学出版社，2008.

[74] 冯用富，袁泽波，杨仁眉．基于 R～2 的中国股市私有信息套利分析［J］．经济研究，2009（8）：50.

[75] 杨海峰．基于 XBRL 的网络财务报告改进的有效性研究．会计学博士论丛［M］．北京：中国财政经济出版社，2009.

[76] 王旭．基于本体论构建 XBRL GL 分类标准建议［J］．中国集体经济，2009（22）：95.

[77] 韩庆兰，樊丽梅．利用 XBRL 规范会计报表附注信息披露方式［J］．新会计，2007（7）：67－68.

[78] 张天西等．网络财务报告——论 XBRL 的理论框架及技术［M］．上海：复旦大学出版社，2006.

[79] 李维安，唐跃军，左晶晶．未预期盈利、非标准审计意见与年报披露的及时性——基于 2000—2003 年上市公司数据的实证研究［J］．管理评论，2005，17（3）：14.

[80] 蒋楠，庄明来．我国上市公司宣告采用 XBRL 的市场反应研究——来自沪市的实证检验 [J]．会计之友，2007 (5)：89-90.

[81] 张华，张俊喜．我国盈利公告效应的动态特征 [J]．经济学，2004，3 (2)：14.

[82] 吴东辉．中国上市公司应计项目选择的实证研究 [J]．中国会计与财务研究，2001. 3 (3)：48-81.

[83] 贾欣泉 . XBRL GL 精解 [M]．北京：经济科学出版社，2011.

[84] 张天西等 . XBRL 财务报告：理论、规范及应用 [M]．经济科学出版社，2010.

[85] 李晓荣，张天西 . XBRL 导论 [M]．立信会计出版社，2011.

[86] 中国会计学会．中国 XBRL 分类标准问题研究 [M]．大连：大连出版社，2011.

后　记

光阴如梭，时光如剑，转眼四年的博士学习就要结束了。四年前，我满怀着希望与憧憬来到"吞吐大荒"的中央财经大学。校园内的一砖一瓦都曾留下我的足迹。回首走过的岁月，心中倍感充实。当我完成这篇毕业论文的时候，有一种"吟安一个字，拈断数茎须"的感觉，感慨良多。

四年之前，我有幸的成为孟焰教授门下的一员，恩师知识渊博、治学严谨、工作精细、师德高尚、大家风范。恩师的言传身教，激发了我的学术热情，也使我明白了做事先做人，做人先立德的道理。博士四年，从学习科研到出国留学，从日常生活到毕业工作，一直在恩师的精心指导和关怀下顺利完成。开题时，恩师针对我前期的基础，结合当前会计研究的前沿，建议我进行 XBRL 的研究，在恩师的教导和指引下，最后选定此论文题目。此文从选题到后来的框架整理，格式编排、论文定稿，都包含着恩师的心血。在此我向恩师表示最衷心的感谢！同时，感谢刘红霞教授、王瑞华教授在我博士论文开题时提供了非常宝贵而又中肯的意见，使我的博士论文能更加完善。感谢余应敏教授、鲁桂华教授教授我前沿的会计理论和实证研究分析方法。感谢我的朋友谢德明博士、隋立秋博士、我的小师妹高雨博士，在我博士学习期间关心我、鼓励我。当然要感谢的人还有很多很多，就不一一罗列，在此一并谢过。

最后我要感谢我的母亲，一个勤劳而又平凡的女人，辛辛苦苦一辈子，一直希望自己的儿子能成为诚实有用之人，可却在我读博之前走了，留给我子欲孝而亲不在的遗憾，谨以此博士论文告慰母亲在天之灵。感谢我的父亲，没有他的理解和支持，没有他的宽容和坚忍，我很难想象我今天仍然走在我选择之路上。感谢我的妻子丁元荣，在我入学时，我的小女儿李俊颖呱呱落地，为了我的学业，我妻子一人承担了家庭所有负担，让我安心完成我的学业。她们默默的付出和支持，使我得以顺利完成博士四年的学习。

"文章千古事，得失寸心知"。本书之中还有许多需要完善的地方，希望各位专家给出宝贵意见，谢谢！

作者

2019 年 12 月